明日も元気に学校に行くための

先生たちの「お守り言葉」

『月刊学校教育相談』編集部／編

ほんの森出版

はじめに ■■■■■■■■■■■■■■■■■■■■■■■■■■■■■■■

　行事が終わったときや卒業式・修了式の後など、「教師になってよかった」としみじみ感じることも多いのではないでしょうか。教師という仕事は、やりがいと喜びに満ちた仕事です。

　しかし、あまりにも仕事量が多く忙しかったり、保護者への対応で消耗したり、子どもへの指導がうまくいかず苦悩したりと、非常に大変な仕事でもあります。時には、その大変さに飲み込まれてしまうことも起きます。

　精神的な不調に陥ったときは、周りの人に相談したり、病院を受診したりすることが大前提です。普段、子どもたちに「大変なときは、身近にいる信頼できる大人にＳＯＳを出しましょう」と、適切な援助希求行動ができるよう指導していることと思いますので、それを自分にも当てはめることになります。

　その上で、この本をご活用ください。ここで紹介する「お守り言葉」の中には、納得したり共感したりでき、気持ちが落ち着き、元気が湧いてくるような、ご自身に合った言葉がきっとあると思います。

＊

　この本は、学校現場で奮闘する先生たちが、自分自身を"お守り"のように支えてくれている本音の言葉を紹介するものです。

特にしんどい思いをしがちな、次の３つの場面についてエピソードを交えながらまとめていただきました。

①あまりにも仕事量が多く忙しいとき

②保護者への対応で消耗したとき

③子どもへの指導がうまくいかず苦悩したとき

　それぞれが、第１章、第２章、第３章となっています。

　まず、多忙さについて、本書で執筆者の先生たちが述べている状況を拾ってみます。

・仕事と家事・育児に追われる毎日でした。（中略）すべてが回らず、毎日仕事は持ち帰り。帰宅しても家事の山。子の寝かしつけと同時に自分も寝てしまい、よれよれになりながら夜中に食器を洗ったり、仕事をしたりしていました。

・悉皆参加の研修とその報告書作成、誰が読むのかわからない指定研究の紀要づくり、必要性を感じない校外の会合への参加などが、次から次へと日常の勤務に割り込んできます。

・子どもたちが下校した後の教室。提出箱には、まだ丸付けをしていないプリントや、目を通していないノートの山。後ろめたい気持ちを「後でやるから」とごまかしながら職員室に戻ると、添削を待つ作文の束。ため息をつきながら「そうそう、明日の職員会議の資料がまだできていないじゃないか」と校務パソコンの蓋を開けば、今度は期限が迫る仕事のメモがモニター画面の隅に何枚も貼り付いていて、さらに深いため息をつく。

・教師は、決まった仕事をこなすだけでなく、「子どもたちのためになる」と感じる仕事を思いつけば、とことん取り組もうとし

て、結局、自ら仕事を増やしていきます。特に授業準備は「これで完了！」というゴールを自ら設定しにくいものです。その最中に、生徒指導や保護者対応の事案が起これば、そこにも全力で向かっていかなければなりません。

　読者の皆さんも、同様の思いをしていたり、したことがあるのではないでしょうか。そして、このような忙しい状況の中、時間的にも精神的にも負担になるのが保護者への対応です。もちろん、保護者とともに子どもの成長を喜び合うすばらしい瞬間を味わえるのも教師の仕事ですが、ここでは本書で述べられているしんどい思いを拾ってみます。

・保護者対応での失敗については、あまり触れたくありません。遠い過去の出来事であっても、保護者から受けた怒りの感情を思い出すのはつらい、というのが正直なところです。
・保護者とのコミュニケーションが良好にいくとは限らず、保護者の不信感や怒りが学校に向かうこともあります。その対応に時間を奪われると、教員は消耗し、疲弊します。忘れられがちですが、そこには「困っている子ども」や「困っている保護者」がいるだけでなく、「困っている教員」がいるのです。
・一方的な要件で突然訪ねてきたり、朝から電話で担任を1時間以上束縛したり、たまたま電話に出た先生の電話対応が悪かったなど、よくわからない理不尽な苦情を1時間も2時間も話し続ける保護者もいます。
・学校現場で発生する"つらい場面"を挙げれば多々ありますが、

生徒の指導をめぐって保護者と対立したり、思いが通じ合わなかったりする状況は、その中でも格別といえるでしょう。自分が当事者のときばかりでなく、同僚がそのような目に遭っているのを端で見ていたとしても、つらくなってしまいます。通常業務だけでもヘトヘトなのに、個別対応の時間や心理的負担は大変なものです。すっかり自信を失い、心身のエネルギーも消耗して、職場に行くのもしんどく感じます。

そして、子どもへの指導で悩むこともあります。

・生徒への指導がうまくいかないケースは大きく３つあると考えています。１つ目は生徒が反抗・反発しているとき、２つ目は生徒の意欲が低下しているとき、３つ目は生徒に発達障害等があり指示をうまく受け入れることを苦手としているときです。また、この３つが複合的になっている場合も考えられます。この中で、特に精神的負担を感じるのが１つ目のケースではないでしょうか。

・中学受験や家庭環境などが直接・間接的な原因となって子どもたちの心が荒んでしまうと、通常の指導が子どもたちの心に響きません。一部の子どもたちではありましたが、その子たちによって繰り返される反抗的な言動に、私の心は潰れそうになりました。

・生徒指導の場面など、繰り返し話をしても、教師の思いが伝わらずに、解決への道筋がまったく見えないときもあります。無力感におそわれ、子どもたちに対して、新たなかかわりをもつ

意欲が失われてしまいます。

・教師という仕事はまさに"滅私奉公"です。子どものために自分の感情を抑え、一人一人に寄り添うことを求められます。ところが荒れている教室では、子どもたちはそんな担任の気持ちなんてまったく知るよしもなく、好き勝手なことをしたり、担任に反発したり暴れたりと、近年では学級経営がとても難しくなっています。

＊

このような大変な日々を、どのような言葉で自分自身を支え、元気に仕事を続けていったらよいのでしょうか。気になる章の、どのページからでもめくってみてください。見開き２ページにまとまっていますので、すきま時間に気軽に読めます。紹介された「お守り言葉」の中には、読者の皆さんにとっても「お守り言葉」になるものがあるかもしれません。

なお、似ている「お守り言葉」も出てきますが、重複をいとわず編集しました。そのような言葉は「力のある言葉」なのだと思うのです。

読者の皆さんが「明日も元気に学校に行く」ために、本書がお役に立てるよう願っています。

2024年1月

『月刊学校教育相談』編集部

明日も元気に学校に行くための

先生たちの「お守り言葉」

❀ もくじ ❀

第2章　保護者への対応で消耗したとき

第３章　子どもへの指導がうまくいかず苦悩したとき

第 1 章

あまりにも仕事量が多く忙しいとき

今日も「心のコップ」に
水がたまっているな

🌸 あのとき私が一番欲しかったのは「時間」

　私の20代後半から30代半ばまでは、仕事と家事・育児に追われる毎日でした。特に、2人目の育児休暇明け（ちなみに当時の育休は1年間でした）は、大げさではなく毎日が戦争のようでした。

　朝は、子どもたちを追い立てながらの出勤。放課後は保育園のお迎え時間を気にしながら授業や行事の準備、生徒指導に校務分掌……。すべてが回らず、毎日仕事は持ち帰り。帰宅しても家事の山。子の寝かしつけと同時に自分も寝てしまい、よれよれになりながら夜中に食器を洗ったり、仕事をしたりしていました。

　一方、同年代の同僚たちは、じっくり濃密に授業準備をしています。校務分掌もテキパキこなし、休日には研修会に出かけていました。毎日家事と育児でアップアップ、教師としてのスキルなんてまったく磨けない自分との大きな差を感じていました。

　そんな時間のない毎日を過ごした私でしたが、いつしか「仕事を効率的に行う」という技を手に入れていました。プリント1枚配付するのでも、どうすると無駄がないかを考えて動くようになっていたのです。「なんとなく」行うのではなく、たとえ1秒であっても時間を無駄にしないという意識が身についていたのです。

　これは、あの育児期間があったからこそだと思います。少しでも多く子どもとの時間を確保したい、少しでも楽をして家事を終

えたい、少しでも…、という思いの連続が、自ずと「時短」を意識させ、効率的に働く技を身につけさせたのだと思います。

✿ 「心のコップ」のお話

　誰しも心にコップを1つ持っている。コップには、その人が努力するたびに少しずつ水がたまっていく。コップは陶製で外からどのくらい水がたまったのかが見えないから、「こんなに努力しているけど、本当に自分は成長しているのか」「努力したって無駄ではないか」と思ってしまう……。

　成長って、ゆっくりで、目に見えないものだから不安になるのですね。でも、見えないけれど、努力したことはちゃんとコップにたまっている。腐らず努力し続けると、いつか必ずコップは努力で満杯になり、あふれ出す。そのとき初めて「ああ、自分は成長したのだ」とわかる。そして、コップは一回り大きくなり、またちゃんと水がたまるようになる。

　この「心のコップ」のお話は、山口県の福山憲市先生から教わりました。大変なときは、私はいつもこのお話を思い出します。

✿ 時間を手放したと思っていたけれど、たまっていた「水」

　育児期間は本当に大変で、毎日を「こなす」のが精一杯でした。自分が努力しているなんて意識はまるでありませんでしたが、あの大変だった日々が、自ずと私にたくさんの力を授けてくれていたのだと今はわかります。

　大変に思えることは、必ず力量形成につながっている。それは心のコップにたまる水のように、見えないけれど、いつかちゃんとあふれ出すのだと思います。

（宇野弘恵）

3月になればチャラになる

「3月になればチャラになる」は、私が初任校で初めて担任をもち、授業準備に生徒対応・保護者対応が加わり、さらに2つの部活の主顧問をかけもつことにもなって、毎日が本当に目まぐるしく、学校の廊下を常に小走りしながら仕事をしているような状況のとき、先輩の教員にかけてもらった言葉です。

今のように「働き方改革」が言われる以前で、とにかくやるしかないし、先輩教員たちに迷惑をかけてはいけないと気負っていた私は、副担や副顧問の先生方にも甘えずに、万事ぬかりなくやろうと頑張っていました。なんとかこなせてはいたのですが、仕事に追われる焦燥感の中、やはり心に余裕はなく、子どもたちに思いが通じないと感じる場面もときどきあって、自分を不甲斐なく思う日々でした。

✿ 「関係の薄さ」が引き出した弱音

そんなとき、たまたま職場の飲み会で隣り合ったのが、それまであまり話をしたことがなかった、他学年かつ他教科の先輩教員でした。こういうとき、「関係の薄さ」はかえって助けになります。私は思わず弱音を吐いて、「頑張っているつもりだけど、常に不十分な気がして落ち着かない」「子どもたちと向き合いきれていないし、私と相性が合わないと感じている子どももいると思うので申し訳ない」と言いました。すると、その先輩教員は私の日

頃の頑張りを労ってくれ、「３月になればチャラになる」と言って、学校のよいところは、３月になったらすべてが一旦リセットされることだと教えてくれました。

　できたこともできなかったことも、良かったことも悪かったことも、子どもたちとの関係も、３月で一旦リセットされるのだから、すべてを背負い込むことはない。今の自分にできることをできる限りやったらそれで十分で、残りはまた別の人に任せればいい。うまくいってもいかなくても、必ず区切りが来るから、教員も子どもたちも救われて、次に進めるのだ。そう言って励ましてくれたのです。飄々とした人柄のその先輩教員が、「チャラ」というおかしみのある言葉を使って伝えてくれたことで、私の気持ちは和み、肩の力を抜くことができました。

🌸「チャラ」という言葉に込める意味

　「チャラ」は江戸期からある俗語で、「ちゃらんぽらん」に通じるといわれているように、ご破算にするという意味をもちますが、一方で、「サラ（新）にする」から転じたという説もあるので、私は「刷新する」という意味も含まれた言葉として理解しています。

　先輩教員からこの言葉をもらって以来、多忙ではあっても多忙感は和らぎました。必ず終わりが来て、また新たに始まるのだから、今できるだけのことをすればよいと、良い意味で“いい加減（良い加減）”になれたからです。

　多忙自体の解消が喫緊の課題ですが、私たちを精神的に追い詰める多忙感は、「お守り言葉」をもつことで緩和できると感じています。「チャラ」という言葉の“良い加減さ”が、皆さんのお守りの１つになってくれたらと願います。

（池田　径）

困難は分割せよ

🌸 マルチタスクが苦手です

　生来不器用な質で、いろいろな業務を同時並行で回していくことが苦手です。こんなことで、よくもまあ、学校で教師を続けてこられたものだと、われながら驚きます。なにせ学校現場の仕事はたいていが同時並行ですから。

　同僚の先生方には、ベテラン・若手を問わず「段取り上手」や「仕事の割り振り上手」がいて、押し寄せる業務を次々にさばく姿がまぶしいやら、うらやましいやら。いったい私は、いつになったらスマートにこなせるようになるのでしょうか。

🌸 国語教科書で出合った言葉

　「困難は分割せよ」という言葉は、国語の授業の中で出合った言葉です。

　中学校３年の国語教科書（光村図書）掲載の小説教材に、井上ひさしの『握手』という小説があります。

　家庭の事情により、カトリックの修道院が運営する「天使園」に預けられて育った主人公が、大人になって暮らしていたある日、「天使園」のルロイ修道士が上京。２人は上野公園のレストランで久しぶりに再会し、思い出話に花を咲かせます。回想場面で

は、当時の子どもたちの心情や生活、日本の子どもたちを育てる修道士たちの奮闘なども描かれます。

　実は、ルロイ修道士は自らの死期を悟り、昔の園児たちに会いに行って、かつて自分が子どもたちにしてしまった（かもしれない）「ひどい仕打ち」を謝り、心の中でお別れをしているのでした。

　ルロイ修道士は、主人公に今生の別れとは明かさぬまま、「困難は分割せよ。この言葉を忘れないで」と伝えるのですが、主人公はルロイ修道士の様子から、これは「遺言」なのだと察します。

　大人の世界の入り口に立つ中学校３年の生徒たちと読むのにふさわしい、ユーモラスな表現の中にしみじみと深い味わいのある、大好きな教材です。

❀ 困難を前提にして生きる

　授業で生徒たちと、「困難は分割せよ」の出典を調べてみたところ、哲学者ルネ・デカルトが『方法序説』で述べている、よく知られた名言ということでした。

　ルロイ修道士は、この言葉を主人公に伝える際、「仕事がうまくいかないときは思い出して」と言っていました。膨大な仕事量や複雑に絡まり合う難題を前に立ちすくんでしまうようなときは、問題を細分化したり、段階を分けて取り組んだり、他の人と手分けしたりして「分割」し、一つ一つ乗り越えなさいという願いを、「困難は分割せよ」という言葉に託したのでしょう。

　生徒とともに読みながら、自分自身にも、深くしみとおる言葉となりました。

（伊藤久仁子）

おもしろいから〇

❀「おもしろくない」仕事が増えてきた

　最近はつまらない仕事が増えてきました。悉皆参加の研修とその報告書作成、誰が読むのかわからない指定研究の紀要づくり、必要性を感じない校外の会合への参加などが、次から次へと日常の勤務に割り込んできます。私たちは追いたてられるように毎日を過ごし、超過勤務も当たり前です。

　本来は子どもあっての教員の仕事のはずです。「子どもたちと一緒にいたい」と思いながら複雑な気持ちで研修や校外の会合に出席したり、「明日の授業の準備を」と思いながらも、それを後回しにして職員室でパソコンに向かう先生方の姿に心を痛めます。

　また、望まない分掌や部活動を担当せざるを得ないことで、過度の精神的負担を教員が感じている実態もあります。

　そのような現状の中で、精神疾患での休職・退職者が増加しています。「やらされ感」満載の仕事は楽しくないし、教員を追い詰めています。

❀大爆笑のクラス目標「おもしろいから〇」

　中学校３年生の学級で、４月の初めに班対抗レクをやりました。私の出したお題に各班で答えを考えて黒板に書き出します。ある班の珍解答に、子どもたちは拍手喝采で大爆笑となりまし

た。進行役の私は「この答えは正解じゃないけれど、おもしろいから○」と正解にして花マルをつけました。するとさらに教室は笑いの渦に包まれました。

　数日後の学級会で、「おもしろいから○」が学級目標に決まりました。「教室で誰かが間違っても、笑って正解にすればいい」と発言する子もいて、この学級の合言葉になりました。そして、私が仕事をするときの「お守り言葉」にもなりました。

🌸 こんなときだからこそ「おもしろいから○」

　私は玉石混交の膨大な仕事を「おもしろいから○」「おもしろくない（つまらない）から×」と仕分けして取り組んでいます。「自分が納得して担当する教育活動」以外の業務には、私は「おもしろくないから×」認定を下します。

　とはいえ、現状では、○でも×でもやらなければならないのかもしれません。しかしながら、業務を仕分けして、あえて熱の入れ方に温度差をつけると、疲労感を軽減することができます。

　はっきり言えば、力を抜いてやるということです。「そんな不謹慎なことはできない。何事も全力で」と考える教員も多いでしょう。でも、マラソンでのペース配分を考えたらどうでしょう。すべてを全力疾走することはできません。今の教育現場の人員配置で、すべての業務に全力を注ぐのは無理です。

　当然のことですが、この多忙な状況は自助努力だけでは解消できません。また、メンタルヘルスや勤務時間管理だけでもこの現状を改善することはできません。適正な人員配置も含めた行政の多忙化解消の具体的な施策を切に願います。

（山口　聡）

誰かがきっと見ていてくれる

🌸 大変なときほど、力を抜かない

　大変な仕事ほど、率先して引き受けるようにしています。もちろん、自分の力量にかなわないものは辞退します。特に、「誰にでもできそうだけど、忙しくて手が回らない仕事」には進んで手を挙げるようにします。

　こうした仕事を積極的に請け負っていると、必ず誰かが手伝ってくれます。物理的に手伝えないときには、「ありがとう」と労いの言葉をかけてくれます。さらに、自分が本当に困っているときや多忙で仕事が回らないときには、周りの仲間が声をかけてくれたり、助けてくれたりするようになるのです。「誰かがきっと見ていてくれる」という、私が「お守り言葉」としている言葉のとおりだなと感じます。まさに「情けは人のためならず」で、日頃の行いが苦しいときに自分の助けとなって返ってくるのです。

　"多忙"と"多忙感"は似て非なるものだと思います。多忙でもやりがいがあったり、人の役に立っているという実感があったりすると、多忙感は感じにくいと思います。

🌸「理不尽なことは、この世の中には存在するものである」

　「理不尽なことは、この世の中には存在するものである」という言葉は、大学院で共に学んだ友人から聞いた言葉です。友人は法事の際、住職から次のような法話を聞いたそうです。

「仏僧の修行の中に、小僧がていねいにたたんで届けた衣類を、住職が放り投げ返し、返された小僧が再びていねいにたたんで届けるということを繰り返すというものがあります。これは一見するとただの嫌がらせやいじめのように見えますが、世の中には理屈で説明できることばかりではなく、理不尽なことも存在するのだということを身をもって学ぶ修行なのです」

この話を聞いてから、私は「自分だけでは、どうにもならないこともある。今は自分を磨いているときなのだ」と考えるようになりました。このように考えると、「せっかく頑張っているのに報われない」「自分だけがなぜこんなしんどい思いをしなければいけないんだ」と考えることは少なくなり、「理不尽なことはある。今は耐えるときだ」と自分に言い聞かせて、困難を乗り越えられることも多くなりました。

❀ 同僚からの「一緒に仕事ができてよかった」が最高の労い

いくら「理不尽なことはある」と言い聞かせていても、多忙が続くと疲弊します。そんなときにほっとさせてくれるのが、同僚からの言葉です。多忙なときというのは、自分の仕事だけではなく、仲間の仕事を手伝ったり、後輩に範を示したり、チームで仕事をしたりしていることが多いと思います。

仕事が一段落ついたときに、同僚から「一緒に仕事ができてよかったです」「助かりました」「勉強になりました。次に活かします」などの言葉をかけられると、今までの苦労や疲れが吹き飛びます。「ありがとう。私も一緒に仕事ができてうれしかった」と伝え返すと、その後の関係もさらによくなり、仕事もうまく回るようになります。自分の仕事ぶりを誰かが見てくれています。

（草野　剛）

毎日三食、十分な睡眠、それでいい

❀ 忙しいときほど後回しにしがちなこと

　「毎日三食、十分な睡眠、それでいい」。書道の授業で、高校生活で大切にしたいことというテーマで生徒が書いたこの言葉が、私の「お守り言葉」となりました。この言葉が廊下に貼ってあるのを目にして以来、忙しいときほどこの言葉を思い出し、仕切り直すようにしています。

　高校3年生の担任をしていたとき、進路先へ提出する志望理由書の指導や教育相談業務が立て込み、何よりも食べることに楽しみや喜びを見出している私が、食事や睡眠時間を削って仕事に充てていたことがありました。特に食事はお菓子ですませることが多くなり、栄養不足から体の抵抗力が低下していたと思われます。そんな生活が1か月くらい続いたとき、高熱を出して数日欠勤し、周囲に迷惑をかけてしまいました。幸いにも仕事が一段落した直後でしたので、締め切り等は守ることができました。しかし、体調管理は社会人の基本。そんな意識が吹き飛んでしまうほど、忙殺されていたのです。

❀ 生きることを大切にする

　食事と睡眠という人間が生きていく上で大切なことをおろそかにすると、些細な言葉にイライラしてしまったり、ミスを重ねたりして、精神的にも余裕がなくなってきます。私はそのようなと

きに生徒の状況に配慮できずに言いすぎて、対立してしまったことがあります。また、生徒はその余裕のない姿を見て「先生は忙しそうだな」と感じ、相談しにくい印象を与えてしまうことにもなり、大切な機会を失ってしまったこともありました。

そんなことがあったので、今では私は、忙しいときほど「毎日三食、十分な睡眠、それでいい」という「お守り言葉」を思い出しながら、何を食べるかを楽しみにして仕事をするようにしています。

もちろん睡眠の質も大切です。ストレスがかかると悪夢を見ることがあるので、寝る前はなるべく楽しみにしていることを思い浮かべるようにしています。心身ともに健康であるということは何物にも代えがたいものであり、土台になるものですよね。

「お守り言葉」の「それでいい」というのもポイントです。何か特別なことをするのではなく、生きていく上で必要なことを大切にする、ていねいに行う。多忙という困難を乗り越えようとあまり気負いすぎると失敗するので、この言葉には肩の力を抜く効果もあると思っています。

❀ お互いの「忙しい」を尊重する

忙しくて切羽詰まっていたとき、先輩の先生から「忙しいのは皆同じ」と言われたことがあります。励ましの言葉として言ってくださったのだと思うのですが、そのときの私には突きはなされたように感じられました。それと同時に自分の機嫌は自分でとることも大切なのだと気づかされました。

忙しいのは自分だけではない。その意識ももっておきたいものだなと思っています。

（佐藤久美子）

1つやれば、1つ減る

✿ 1つやれば、1つ減る

「あっ、これ以上仕事をためてしまうと大変なことになる！」

そんな赤信号が頭の中で点滅したときにはいつも、「1つやれば、1つ減る」という言葉を呪文のように唱えてきました。この言葉にどれだけ助けられたことか計り知れません。

子どもたちが下校した後の教室。提出箱には、まだ丸付けをしていないプリントや、目を通していないノートの山。後ろめたい気持ちを「後でやるから」とごまかしながら職員室に戻ると、添削を待つ作文の束。ため息をつきながら「そうそう、明日の職員会議の資料がまだできていないじゃないか」と校務パソコンの蓋を開けば、今度は期限が迫る仕事のメモがモニター画面の隅に何枚も貼り付いていて、さらに深いため息をつく。

そんな状況に追い込まれると、少しくらいやってもどうにもならないように思えて、何もかも投げ出したくなってしまいます。やらなければならないことが許容量を超えると、焦るばかりでなかなか仕事が進みません。仕事がたまる⇒ストレスがたまる⇒仕事が手に着かなる⇒仕事がさらにたまる、という悪循環にはまり込んでいきます。でも…。

どんなにたくさんたまった仕事だって、1つやれば、確実に1つは減らすことができるのです。

「1つやれば、1つ減る」

　この言葉を思い出すことによって、たくさんの仕事の山を乗り越えることができました。

✿ こつはコツコツ

　「1つやれば、1つ減る。1つやれば…」と呪文を唱えながら丸付けしていると、意外なほど仕事がはかどります。気がつけば、プリントの丸付けは20枚以上終わっています。さあ、もうひとがんばり。25枚、30枚、35枚。ゴールしたら、すぐに丸付けしたプリントをトントンとそろえ、「ハイ終わり！」と声にしながら返却用の箱へ。ちょっとした充実感を味わって、次の仕事に向かいます。

　そんなことを繰り返すうちに気がつけば、とてもこなしきれないと思っていた仕事が大方終わっていた、ということを何度経験したことでしょう。

　「1つやれば、1つ減る」は、徳富蘆花の随筆から得たものです。元の文は「一本また一本。一本除れば一本減るのだ。草の種は限なくとも、とっただけは草が減るのだ」（徳富蘆花『草とり』）。夏の間、刈っても刈ってもまた生えてくる雑草。それを相手に、朝から夕方まで戦い続ける農家の人たちの苦労が伝わってきます。それを思えば、プリントの丸付けもノートのチェックも少しは苦にならなくなります。

　同じような言葉は、いろいろあるようです。若い頃、先輩教師から教わったのは、「何かを成し遂げるこつはコツコツ」。なるほどなあと感心し、担任した子どもたちにも伝えてきました。

（浦野裕司）

あわてない、あわてない。
ひと休み、ひと休み。

　教師の仕事は実に多忙で際限がなく、さまざまな業務に追われる日々が続きます。授業準備や成績処理、学級や学年の運営事務はもとより、生徒指導や部活動、さらには保護者への対応など、日常的な業務は多岐にわたり、目の前に積み重なる膨大な仕事量を思うと、多忙感に加えて疲労感も高まってきます。

　とにかく仕事を片付けなければ、とはわかっていても、「あれをやらなければ、これもやらなければ、でも時間がない…」と、自分のキャパシティーを明らかに超えている状況では「もうどうしようもない」という気持ちになって仕事に押しつぶされてしまいそうです。忙しいときは仕事に優先順位をつけて、手っ取り早いものから手際よく効率的に処理していけばよいのでしょうが、じっくりと落ち着いて考える間もなく、急いであわただしく取り組むことになり、どうしてもやっつけ仕事のようになりがちです。

一休さんに学ぶ、「ひと休み」することの大切さ

　あまりにも忙しく、心の余裕を失ってしまいそうなときに思い出したいのが「あわてない、あわてない。ひと休み、ひと休み。」という言葉です。これは1970年代にテレビ放映されていたアニメ『一休さん』の中で、とんちを使って難題を解決していくキャラクターの一休さん（室町時代の僧、一休宗純）が、寝そべりながら明るくのんびりと言う、ＣＭに入る前のお決まりのキャッチフレーズ

です。

　お寺の修行や仕事で忙しいのか、禅寺の小坊主たちが「一休！一休！」と急かすのですが、一休さんは自分が怠けているかのように見せながら、「急いでいるときこそ落ち着こう。あわてずにひと息ついて。急いては事を仕損じる」といったメッセージを伝えているかのような、気持ちがほっこりするものでした。

❀ 「ひたすら頑張る」から「あわてずにひと休み」へ

　忙しいときに「ひと休み」したところで、目の前の仕事が減るわけではありませんから、忙しいことには変わりません。しかし、今の自分が置かれている多忙によるストレスフルな状況から一旦解放され、自分の心身の状態をゆったりと見直すことで、よりよいパフォーマンスに向けたきっかけにすることができます。

　一般的に、教師は子どもたちの良きモデルでありたいという思いが強く「何事もきちんと完璧にこなさなければならない」といったビリーフ（思い込み）を抱きやすいものです。「あー、忙しい。疲れた」と嘆きながらひたすら頑張り続けることで、自分を見失ってメンタルヘルス不調に陥ってしまうくらいなら、完璧などは目指さずに「まあ、いいか。ちょっと休もう」と羽を伸ばして休息し、リフレッシュしたほうがかえって心身の健康にとっては効果的です。

　自分自身のストレス状態を知り、「急がば回れ」の発想で仕事の質を高めてモチベーションを保つために、今後も「あわてない、あわてない。ひと休み、ひと休み。」をお守り言葉にしていきたいと思います。

（齊藤　優）

休むのも仕事のうちだよ

🌸 燃え尽きないために

　もともと体は丈夫なほうで、若かったこともあり、初任からの数年間は夜9時近くまで残って仕事をすることもざらでした。子どもたちの顔を見れば疲れも吹き飛び、忙しさは感じても充実した日々を送っていました。

　そんなときに、"学校の母"と慕う先生から「休むのも仕事のうちだよ」と言われました。「はい、わかりました」と返事をしつつも、「私は休まなくても大丈夫だけどな…」と心の中で思いました。しかし、しばらくしたある日、私は体調を崩して休まざるを得なくなりました。幸い1日で復活しましたが、このとき、無理をして何日も休むことになるとかえって迷惑をかけてしまうのだと実感しました。

🌸 自分の機嫌は自分でとる

　学校の先生は真面目な人が多く、「大丈夫、大丈夫」と知らず知らずのうちに疲れやストレスをためがちです。ある先生が生徒に「自分の機嫌は自分でとるんだよ」と話していました。その先生はアンガーマネージメントの意味で話していたと思うのですが、ストレスマネージメントにおいても的を射た言葉だと思います。

　私も「休むのも仕事のうち」を実践すべく、自分の機嫌をとる

ための"ご褒美"を自分に与えます。例えば、忙しい日々が続いたときや苦労した仕事が終わったときに、美味しいものを食べます。疲れがたまってきたときには、朝から大好きな音楽を聴いて気持ちを高めます。

　また、映画を観る、ライブや旅行に行くなどの"ご褒美予定"をあらかじめ入れることで、仕事をそれまでに終わらせたり、「もう少し頑張れば、○○があるから頑張ろう」という気持ちで仕事をしたりもします。

✿ 必ず子どもに還元される

　真面目な先生方の中には休むことや楽しむことに罪悪感のある人がいるかもしれませんが、先生がプラスのエネルギーをまとい、楽しそうにしていたほうが、子どもにもいい影響を与えると思いませんか。さらに、リフレッシュのための予定や体験から新たな知識や視点が得られ、教育実践に役立つこともあります。

　さて冒頭の「休むのも仕事のうち」という言葉ですが、今は自分の仕事量をコントロールすることが大切だというふうに受け止めています。自分の時間を犠牲にしたり、心身の健康を蝕んでまでしなければならない仕事はないはずです。だから、無理がくる前に思い切って仕事を休むことも必要です。

　わがままで「できない」のと、物理的に「できない」のとは違います。「自分の手に負えない」ものは「できない」と言うことは、恥ずかしいことでも駄目なことでもありません。自分が元気に働くためにも、誰かに負担がかかりすぎる職場にしないためにも、みんなで「休むのも仕事のうち。無理せずやろう」と声をかけ合う職場にしたいです。

（内藤久美子）

自分でなくても大丈夫

教師という仕事はかなり特殊です。子どもの学力向上から始まり、学級の組織づくり、生徒指導、文書処理、部活動、保護者や地域への対応や調整など、多種多様な内容を1人でこなさなければなりません。「働き方改革」の必要性が一般に広く知れ渡るようになってからかなりの年月がたちますが、現場での変化はまだ少なく、相変わらず勤務時間を超えて働くのが日常だと思います。

また教師という仕事は子どもの未来にかかわる仕事ですから、大きな責任を求められることになります。子どもたちを束ねる責任者として、「あの子のために」「自分にしかできない」そう考えてしまう傾向が強く、ひどく体調が悪いときでも、「子どもたちのために」と無理してしまうことも多いものです。

❀ 新型コロナウイルスに感染して

新型コロナウイルスに感染したとき、タイミングが悪く、2学期始業式の直前でした。小学校教師ならわかるでしょうが、夏休みの大量の課題の整理、2学期の学級経営の立ち上げなど、学期の初めはとても忙しく、そして重要な時期でもあります。しかもそのクラスは、荒れていたのを1学期間かけて立て直してきたクラスですから、今自分が休んだらいったいどうなってしまうのか、まったく想像ができませんでした。どんなに熱があっても、どんなに体がだるくても、「2学期の初日だけでも学校に行きた

い」そう考えてしまうくらい、心配でなりませんでした。でも、感染を広げるわけにはいきませんから、そこは思い切って管理職や同僚に任せることにしました。管理職に最低限の連絡事項だけ伝え、自宅でゆっくり過ごしたのです。

　出勤停止が終わり、おそるおそる学校に行ってみますと、クラスは何の問題もなく、拍子抜けするほどでした。子どものトラブルもなく、2学期もよいスタートを切れていたようです。むしろ、僕がいなくてよかったのではないかと思うくらい、子どもたちは自分で考え、行動していたのです。管理職も上手に子どもたちに対応してくれたので、僕がいなくても困るようなことはありませんでした。「自分でなければ」とあれこれと心配し、本来必要のない仕事まで自分でつくり出していたのかもしれません。

❀ 「自分でなくても大丈夫」

　それからは、「自分でなくても大丈夫」「自分でないほうがよいかもしれない」と考えることにしました。すると、あれほど「自分でなければ」と気負っていたことが、すっと消え去り、心がとても楽になりました。もちろん、僕にしかできない仕事もありますが、それはとても少ない領域です。「お願いできますか」「手伝ってもらえますか」そう同僚に言葉をかけることで、同僚とのかかわりは深まりますし、感謝も生まれます。自分が誰かに頼ることで、逆に周りの誰かが困っていれば、進んで助けたいという気持ちも生まれます。

　「独り」から「共同」へ。「自分でなくても大丈夫」は、心の安心だけではなく、人と人とを結ぶ言葉でもあるのだと考えています。

（坂内智之）

なるようになる

🌸 所詮、すべては「ケ・セラ・セラ」

　「ケ・セラ・セラ」、これは有名な歌の歌詞の一節ですが、私はこの言葉を"頑張ればなんとかできる"ではなくて、"頑張れなくてなんとかできなかったとしても、本当に困った事態にはならない"ととらえています。

　最近は業務支援員さんが入ってくださってかなり助かっているのですが、教員がやらなければならない仕事には"次の時間までにチェックしないと今日中に返せない""今日中にやらないと明日の授業に間に合わない"というように、単純に時間に追われるものも多いのではないかと思います。

　私は単純に忙しくて余裕がないとき、自分で自分に「まず、落ち着け」と声に出して言っています。これが意外と効果があります。"あれもこれもやらなくちゃ"と思うことが、かえって思考を鈍らせて効率を悪くしているのだと思います。「まず、落ち着け」とつぶやいて、悠然とお茶を飲んだとしても、実は1分くらいしか変わらないのです。

　学校の先生は自分が子どもだった頃、いろいろなことをきちんとしていた方が多いのではないかと思います。そして先生もそれにきちんと応えてくださっていたので、"先生とはきちんとしているものだ"と思っていませんか。それはもちろん先生として望

ましい在り方なのかもしれませんが、その信念は裏を返せば“き
ちんとしていないことはダメだ”という偏った見方に凝り固まっ
ているともいえます。

🌸 できないものはできない

　テストをしたら次の時間には返したいのですが、どうしても間
に合わないときは「ごめんね。ちょっと採点の時間がなくて、次
の時間に返すね」と言います。子どもは「なんだー。返ってくる
と思ったのに」などと言いますが、それだけで許してくれます。

　秘書検定では「仕事が間に合いそうにないときは、事前に間に
合いそうにないことを上司に伝えて指示を仰ぐ」のが正しいとさ
れています。仕事に優先順位をつけて、明らかに間に合わないと
きは期限の前に指示を仰ぐというのは大切だと思います。

　しかし、たとえ取り返しがつかないような大きなミスをしてし
まったと思っても、実際にはほとんどの場合、訂正できないよう
なシステムはないのです。どうにもできないシステムがあるとし
たら、それはシステムのミスです。だからミスをしても大丈夫と
いうわけではありませんが、人に迷惑をかけたら誠心誠意お詫び
をするしかありませんし、実際にそれでどうにもならなかったこ
とはありません。「なるようになる」のです。

　本当にどうにもならないことや訂正できないような重大なこと
など、一般人のレベルではほとんど起きません。犯罪行為でもし
ない限り解雇にもならないし、命を取られたりしません。そもそ
も「こんなことが起きたらどうしよう」と心配していることのほ
とんどは、実際には起こらないものなのです。

（川浦典子）

アメリカでは３か月間も
新年度の準備ができる

🌸 仕事が遅いのではなく、時間がないだけ

　アメリカのシカゴからの転入生（小学校６年）を担任したことがあります。その子から、アメリカの小学校のことをいろいろと教えてもらいました。その中でも、教師目線で「いいな！」と思ったのが、

　「"約３か月間の長期休み"が新学年スタート前にある」

ということです。

　アメリカは新学年が９月始まりで、その３か月前の５月下旬から８月下旬までが夏休みなのです。子どもたちが登校しない３か月間で、アメリカの学校の先生は、新学年に向けて、教室の片付けや、子どもの情報の引き継ぎ、新学年の計画、教材研究ができるのです。

　それに比べて、日本の学校には、新学年の準備期間が春休みの２週間程度しかありません。実際は、とても準備しきれていません。勤務時間内に、教科書を開いて教材研究をする時間はまったくありません。「"４"月は、"死"ぬほど忙しい」と言われていますが、アメリカの学校のことを知ったら、これは教師の資質の問題ではなく、準備期間が短すぎるということだとわかり、とても気持ちが楽になりました。

　「仕事が遅いのではない。むしろ、短い準備期間（アメリカの６

分の１）で、よく頑張っている」と思えるようになりました。

❀ 授業がうまくいかないのは、授業力が低いだけではない

　日本の小学校は、基本、学級担任が１人で授業をしています。学級編成によっては、教室に40人近くの子どもがいることもあります。たくさんの子どもたちとともに毎時間の授業を成立させるには、"授業力"が必要だと思っていました。自分の授業がうまく回らないのは、授業が下手だからだと思っていました。でも、アメリカの学校のことを知って、「授業力」以外にも大切なことがあると知りました。

　転入してきた子はシカゴの学校に行っていたのですが、その学校では「２人体制で授業」しているそうなのです。それは、「ティーム・ティーチング（ＴＴ）」の体制です。教室にいる子どもの人数は、日本もアメリカも同じくらいです。でも、教室にいる教師の数は、アメリカは日本の２倍なのです。

　毎日、毎時間、２人の教師で授業をしているところを想像してみてください…。「いいな～」と思いませんか？（私はすごくいいなと思います！）

　教科ごとにＴ１とＴ２の役割分担を代われば、授業の準備は半分ですみます。その分、もっと教材研究を深くできます。授業中の個別支援ももっときめ細やかにできます。余裕のなさからイライラせずに、もっと優しい教師になれます。体調不良のときも、安心して欠勤できます。

　日本の教師は、１人で授業し続けているだけで、スーパーティーチャーです。

（松下隼司）

今これ！
優先順位をつけたら、まず１つ

❀ 教師が抱える多忙感

　仕事が滞ると気分が下がり、焦って何も手につかないまま時間だけが過ぎていき、後悔と自己嫌悪でますます元気が出なくなることがあります。教師は、決まった仕事をこなすだけでなく、「子どもたちのためになる」と感じる仕事を思いつけば、とことん取り組もうとして、結局、自ら仕事を増やしていきます。特に授業準備は「これで完了！」というゴールを自ら設定しにくいものです。その最中に、生徒指導や保護者対応の事案が起これば、そこにも全力で向かっていかなければなりません。教師は実際に多忙ですし、常に多忙感を抱えています。

　「学校における働き方改革」という時代の波を歓迎する一方で、無意識ながら、「目の前のことをおろそかにする自分は許せない」と思う先生もいるのではないかと思います。まして、効率よく仕事をこなし、学級経営も授業準備もうまくいっている（ように見える）同僚が周囲にいると、疲労感も増してきます。これらはすべて私の経験を振り返って思うことです。

❀ 多忙感が「すべて悪」とは考えない

　それでも、心身の健康や家庭生活等に支障をきたすほどの多忙感でなければ、教師として切磋琢磨することに自己評価で最高点

をつけてよいはずです。多忙感が「すべて悪」ではないはずです。子どもたちの育ちにつながる仕事からくる多忙感であれば、そのような仕事に真摯に向き合う自分を労りたいものです。

　自分を労るために、すぐに簡単にできるのが深呼吸です。私も実践していますが、忙しいと感じたら、まずは大きく深く深呼吸をして酸素を取り込みましょう。そのときに、体内から"嫌なもの""捨てたいもの"を出すイメージで、口からゆっくりと長く息を吐き出すと効果的です。

❀ 山積みの仕事に向かうとき

　担任をしていた当時、自宅に持ち帰った仕事をよく廊下に並べていました（そのままそこでうたた寝をしていたという笑えないエピソードもありますが）。まずは可視化し、優先順位をつけて並べ替えます。そして、「今これ！」と気合いを入れて、まずは1つだけやり遂げるべく、集中して取り組みました。1つでも終えることで、少しだけ気持ちが楽になりました。私にとって「今これ！　優先順位をつけたら、まず1つ」という言葉は、自分自身にスイッチを入れるきっかけであり、気合いを入れる言葉です。

　現在の私は、持ち帰る仕事も減りましたが、今日も職員室を見渡すと、仕事内容を付箋に書いて何枚も貼ってある机、処理する順に書類が垂直に積んである机など、先生方それぞれが自分に合ったやり方で優先順位をつけています。今、校長としての私の仕事の1つは、仕事をたくさん抱えている先生方が少しでも楽になれるように、またやりがいを感じられるようにすることです。一朝一夕にやり遂げられないことですが、「今これ！」と気合いを入れて取り組みたいと思っています。

（久保田みどり）

雰囲気は上達を加速させる

🌸 雰囲気は上達を加速させる

　「あ〜忙しい、忙しい」「この仕事めんどくさいな」「やりたくない」。職員室でこのような声が聞こえることがしばしばあります。仕事の多さ、難しさを声にして気持ちを表出することも時には大切なことかもしれません。

　しかし私は、仕事量が多ければ多いほど、このような言葉は使わないように心がけています。「よーし、いい仕事が来た」「ここを乗り越えたら成長できる」「まず、やってみよう」などと見方やとらえ方を変え（いわゆるリフレーミングの技法）、それを声に出したりして雰囲気をつくるようにしています。それは、これまでの経験で、やる気がないから行動できないではなく、行動すればやる気が起きることを実感してきたからです。前向きな言葉を使っていると自然にやる気も出て、粘り強く仕事に取り組める気がしています。

　「雰囲気は上達を加速させる」は、仕事量が増えたり、つらい気持ちになってきたときにこそ大切な、私の「お守り言葉」です。当たり前のことかもしれませんが、前向きに行動を重ねるのと、消極的に及び腰で行動するのとでは、上達の速度は変わります。せっかく取り組むのですから、技や知識も効率的に身についたほうがいいと思うのです。

また、自分が発する雰囲気を大切にしていると、周囲にもよい影響が出てきます。「笑顔は笑顔」を生み、「優しさは優しさ」を生みます。１人ではなかなか乗り越えられないことも、雰囲気を大切にしていれば、仲間が力を貸してくれます。チームで上達していくことも可能になるのです。

✿ 多忙と多忙感

　雰囲気を大切にしていると、不思議と多忙であっても多忙感を感じなくなることがあります。一方、多忙感が勝っている場合は、どうしても雰囲気をつくることすら難しくなってきます。そこで、多忙だと感じる前に、オーバーワークになりそうだと予見したときから意識的に雰囲気をつくり始める気持ちのコントロールも大切になります。

　管理職としての私は、先生たちが多忙になる前に業務平準化を意識したマネジメントを心がけなくてはなりませんが…。

✿ 100点満点は目指さない

　管理職になってから特に心がけていることがあります。それは、先生方に起案書類や報告書などで100点満点の"完璧なモノ"の提出を求めないことです。完璧を求めてしまうとスピード感が失われ、仕事がたまりがちになってしまい、そうすると多忙感も増してしまうのです。「"85点でＯＫ"の心構えで心にゆとりを」です。

　そして、困ったときにはいつでも相談できる雰囲気づくりが肝要といえるでしょう。きっと、職員室の雰囲気が「チーム学校」の上達も加速させてくれるはずです。

（後藤幸洋）

できることからすぐやる

🌸 仕事は小刻みに分けると効率的!?

　仕事にとりかかる前に、全体を把握して、見通しをもってからとりかかるほうが効果的な場合が多いものです。しかし仕事に追われているようなときは、そのようなメリットより、膨大な仕事の量に圧倒され、逆によりしんどくなるときがあります。

　私は「できることからすぐやる」を大切にしているので、効率などあまり考えず、仕事をいくつかに小分けして、取り組みやすいものからすぐに始めるようにしています。仕事についていろいろ考えて、やる前からしんどくなることもなく、気楽に仕事にとりかかれる効果があります。

　このような習慣は、子どもの頃からなんとなくありました。中学校の教員になって、下村湖人の『青年の思索のために』にある「実践目標は小刻みに」という道徳の教材の文章に出合ってから、その考え方はより明確になりました。マラソンが苦手な人は、いきなりゴールを目標に設定すると、しんどさばかりが大きくなってしまいます。とりあえず次の立木まで走ることを目標にして走る、そこへ到達するとさらに次の立木を目標に走るというように、達成が容易な小さな目標を何度も設定すると頑張ることができるという話でした。数多くある道徳の教材の中で、最も印象に残っている１つです。いきなりゴールを目標にしないこと、悩ん

だり考えたりせずにすぐにとりかかることなど、それまでの自分の考えと重なることが多かったです。

🌸 仕事をストレスなく、楽しくするために

多忙なときに、私が心がけていることが2つあります。

1つは、休息をとることです。「しんどい」と感じながら仕事を続けると、実際の仕事量以上にストレスが蓄積し、意欲が下がってしまうと思います。わずかな時間であっても、リラックスする時間を設けたり、気分転換したりすると効率がよくなり、結局は早く仕事をやり遂げられます。「できることからすぐやる」という私の「お守り言葉」には、取り組む仕事の範囲を限定するということと、「それをやり終えたら休むぞ!」という意味が含まれており、仕事にメリハリをつけやすくなります。

2つめは、仕事のイメージを少しでも良いものに変えることです。例えば、少しでもやりやすいと感じる仕事からとりかかることです。そうすると、仕事に対して「できそう」「簡単だ」と良いイメージをもちやすくなります。そして、仕事は1つでもやり終えると、残った仕事の量は必ず少なくなっています。お店で2割引きや3割引の商品を見ると購買意欲がかき立てられるように、残りの仕事にとりかかるときは、最初より少し楽な気持ちで始めることができます。

働き方改革が広く議論されていますが、教師の仕事が格段に少なくなることはあまり期待できません。自分で工夫して、いかにストレスを減らせるか、気持ちよく仕事に取り組めるかということを考えていきたいものです。

(井上真一)

結果、心と体が満たされているほうが、 パフォーマンスを発揮できる！

🌸 やらなくていいことは、やらない！…のも○K

　できるだけ、計画的に、早め早めに仕事をしたい。でも、想定外の仕事が増えたり、保護者面談が入ったり、同僚の先生方から相談を受けたり、思いどおりには仕事が進みません。予定どおりにいかないとイライラしがちです。でも、ここで、「これは、今すぐやるべき仕事か？」と自分に問うようにしています。

　実は、すぐにやらなくてもいい仕事もあります。時間があるときにやればよい仕事、例えば、教材のデータ化、データの整理。研修を受けているときに、新しい教材を思いついてしまい、すぐに使うあてはないのに、つくりたくなるなど。

　毎日やらなくてはいけないことや提出期限があるもの、時間ができたらやればいい仕事など、優先順位をつけて「やらなくていいことは、やらない！…のも○K」と自分に言い聞かせます。

🌸 寝るときは寝る。休むときは休む

　やることはいくらでもあるので、持ち帰り仕事をすることもしょっちゅうです。勤務時間中に予定外の仕事が入り、持ち帰り仕事の量が多くなってしまうときもあります。明日までにやらなくてはいけない仕事があるときには、家でゆっくりくつろぐはずの時間にパソコンを開いて仕事をせざるを得ません。

そんな日に完璧に家事をこなそうとするとイライラします。だから、できるだけ家事は手抜きにします。おいしいものを買ってきて、もしくは宅配で、手抜きだけどしっかり食べる。お風呂につかる時間をとる。いつも寝る時間に眠くなったら、我慢せずに寝る。夜は眠くなることが多く、眠気と戦う時間がかえって無駄になるので、さっさと寝て、朝起きてやるようにしています。

　提出期限はまだ少し先だけれどできれば早めにやっておきたい仕事を持ち帰るときなどは、提出期限ギリギリではないので、翌朝、早起きできず、ついついいつもの時間まで寝てしまうこともあります。「あ〜、寝過ごした（いつもどおりだけど…）」とも思うのですが、そんなときは「よぉし！　しっかり眠れた。睡眠ばっちり」と言い換えるようにしています。声に出して言うと、笑えてきます。

❀ プチ癒しの時間をつくる

　朝のルーティーンも大事にしています。ベランダのプランターに水をやる、起き抜けにゆっくりお茶を飲むなど、自分の呼吸を意識しながら行います。これは、研修でマインドフルネス体験をしてから、意識的に取り入れています。心も癒されて、リセットできる気がしています。

　こんなふうに、自分の心と体の健康を大事にすることで、予想以上に仕事がはかどることがあると実感しています。忙しくて自分自身をケアすることがおろそかになっているなと感じたら、「結果、心と体が満たされているほうが、パフォーマンスを発揮できる！」と自分自身に声をかけるようにしています。

（渡辺奈津）

楽しい時間も、つらい時間も、同じ速さで過ぎていく

🌸 緊張の中、突然出合ったその言葉

　私が養護教諭になって10年目くらいのことです。中学校の卒業式練習の時間、練習後に学年の先生が１人ずつ卒業生に向けて話をするという企画がありました。私は人前で話すのに慣れていなかったので、ステージの端のほうに並んで立ち、ドキドキしていました。順番が近づくにつれ頭は真っ白、話そうと思っていたことは先に話されてしまう、話す内容もまとまらない…。どうしようと思っていたそのとき、「楽しい時間も、つらい時間も、同じ速さで過ぎていく」という内容の話が聞こえてきました。私は思わずその話に聞き入り、ちょっとした感動を覚えました。今となっては「卒業あるある」で、卒業式シーズンにはよく耳にする話ですが、私はそのとき初めて聞いたので、軽い衝撃とともに頭の中にストンと落ちてきました。

　頭の中で「確かにそうだ…。仲良しの友達と過ごす時間は楽しくてあっという間に過ぎる。反対に、つらい仕事をしているときの時間は長くてなかなか進まない。でも、それらがどんな時間であっても実はすべて同じ速さで過ぎている…」など、ぐるぐる思いを巡らせ、まさに目からうろこが落ちる思いでした。

　そして、この日以来、この言葉は私にとっては魔法の「お守り言葉」となりました。

46

✿ 養護教諭のプレッシャー

養護教諭の仕事は時期によってはものすごく忙しく、しかも多くの先生を相手に自分が主導で進めなければならない仕事も少なからずあります。常に全校生徒が対象で、仕事も健康診断や救護だけでなく、保健指導に保健事務、担当する校務分掌など多岐にわたっています。事前準備、運営、事後処理に至るまで、やってもやっても仕事に終わりが見えません。また、命を預かる仕事でもあるので、日々そのプレッシャーも大変重くのしかかってきます。

でも今は、どんなにつらい状況であってもこの言葉を頭に思い浮かべると、なんとか乗り越えられるようになりました。

✿ 楽しい時間も、つらい時間も、同じ速さで過ぎていく

私にとって、楽しい時間は本当にあっという間に過ぎてしまうものです。だから、仕事が大変でつらいときには、「大丈夫、この時間もあの楽しい時間と同じ速さで確実に過ぎ、必ず終わりが来る」と自分に言い聞かせると、それが励みになって頑張れます。

私は、20歳から養護教諭の仕事に就きましたが、気がつくともう定年退職目前です。「光陰矢の如し」という言葉がありますが、時間が過ぎるのは本当に速かったです。そんな中、つらいと思っていた時間も時がたつと、自分を成長させてくれた大切な時間であったことに少しずつ気づくようになりました。人生に無駄な時間はないといいますが、本当にそのとおりだと思います。これからも確実に過ぎていく時間の中で経験を重ね、少しずつでも成長していけたらと思います。

(夏井ゆかり)

段取り！　段取り!!

❀ あまりにも仕事量が多く忙しいとき

　「疲れた！」「忙しい忙しい！」「しんどい、かったるい（広島弁では『たいぎい』と言います）」と思わず言葉に出したり、言葉に出さなくてもため息を連発してしまったりします。やる気が起きないのを"ドリンク剤"で乗り切ろうとしている人もいるかもしれません。

　仕事に忙殺されると、冷静な判断ができなくなり、仕事の量も質も落ちてしまいます。子どもたちと談笑する余裕もなくなってしまいます。何のために教師をしているのかわからなくなってしまうこともあります。

　では、仕事に振り回されないためにはどうすればよいでしょうか？

　私は、"段取り"だと思います。雑然としたまま目の前の仕事をするのではなく、俯瞰的な視野で全体を見通して、優先順位を決めたり解決像を想像したりする段取りをしてから処理をする。

　これは"予期不安"の多い生徒や保護者への具体的なアドバイスとしても有効だと思います。自分は何について不安で、それらの比率はどんな感じか。そして、どの問題からどのように手をつけるか段取りをするのです。段取りをすることで全体像が見えると、落ち着けるものです。

❀ 「西尾一男」の「段取り！ 段取り‼」

　お笑い芸人の友近さんのネタに「西尾一男」シリーズがあります。友近さんの知り合いの店主が、どんなに忙しくても注文を受けると「はい、段取らせていただきます！」と引き受ける様子がとても面白く、その強烈なキャラクターを「西尾一男」としてネタにしたものです。私はこれが大好きで、特に忙しいときは「はい、段取らせていただきます！」「段取り！ 段取り‼」と心の中で「西尾一男」風に叫んで、対応しています。私にとっての「お守り言葉」です。しんどさが「笑い」とともにすうっと楽になり、私は笑顔で段取りができるようになります。

　皆さんも、ぜひこのネタを（YouTubeなどで）見て、笑ってください。

❀ よい"言霊"を発したい

　私は、「疲れた」「しんどい」という言葉やため息などの負の感情を発すると"言霊"となり、人に伝染してやる気を失わせると感じることがあります。しかし、吐き出すことで、解決はしなくても楽にはなれますから、そういう"黙って聞いてくれる人"をつくっておくと、とても助かります。

　逆に「前向きな言葉」も"言霊"となり、周囲をやる気にさせていきます。できれば負の感情ではなく、前向きな感情を発したい。そんなときに出会ったのが、この「段取り！ 段取り‼」です。つらいときこそ、笑って前向きに頑張ろうと思わせてくれます。どうせやらなければいけない仕事であるならば、楽しんで前向きにやるほうがいいですよね。

（相原孝之）

第2章

保護者への対応で消耗したとき

子どもが変われば、保護者も変わる

🌸 他人と過去は変えられないが…

　保護者対応での失敗については、あまり触れたくありません。遠い過去の出来事であっても、保護者から受けた怒りの感情を思い出すのはつらい、というのが正直なところです。それでも何か事例を挙げるとすれば、十数年前の失敗経験が思い浮かびます。

　子ども同士のトラブルのことで保護者を呼んで面談したところ、思いもしなかった激しい怒りをぶつけられてしまいました。公平な立場でトラブルの内容を説明していたつもりでしたが、「わが子だけが悪者にされている」と受け取られてしまったのです。そうなると、何を言っても聞く耳をもってもらえません。激しい罵声が続いた後、「担任の指導が悪い」という言葉を残して帰って行かれました。冷静に振り返れば、私の不用意な一言が怒りの感情を引き出してしまったのは確かです。でもそのときは冷静になどなれず、ただおろおろするばかりでした。

　それから数年が過ぎ、再び保護者対応で苦慮しているとき、気分転換のために読んでいた小説の中に、精神科医エリック・バーンの「他人と過去は変えられないが、自分と未来は変えられる」という言葉が…。目から鱗が落ちるとはこのことです。

　「変えられそうもない保護者のことはひとまず脇に置き、まずは変えられそうなところから取り組もう」

「過去の出来事に縛られていては先には進めない。あれこれ思い悩まずに、何はともあれ、できそうなことをやってみよう」と、気持ちを切り替えることができたのです。

❀ 子どもが変われば、保護者も変わる

保護者との関係がどうにもならないときでも、担任として当たり前にできること。それは、子どもたちへのアプローチです。「子ども同士のトラブルだからこそ、子どもたちへの対応を第一に考えよう。そうすればいつか、保護者の反応も変わるのではないか」という考えは間違っていませんでした。

ある年のこと、いじめも含めた複雑なトラブルが起きました。起きていることがあまりにも複雑なため、「ダメなものはダメ」という厳しい対応を進めても、解決できそうにありません。そこで「まず自分の対応を変えよう」と考え、子どもたちの力で解決することができるような手立てを試みました。トラブルの渦中にある子どもたちを集めて、解決志向の話し合いの場をつくったのです。

すんなりと進んだわけではありません。保護者からも、早期解決を求める厳しい声が届きます。それでも子どもたちの話をていねいに聞き取り図解化し、「解決策＝今すぐにできそうなこと」を見つけることで、トラブル解決への道筋がついたのです。結果、保護者の反応も少しずつ攻撃的なものではなくなっていきました。「子どもが変われば、保護者も変わる」と実感した経験でした。そしてこの言葉が、私が保護者とかかわるときの「お守り言葉」となりました。変えられそうなところから変える努力は、未来を変える力になるのではないでしょうか。

（浦野裕司）

教育のプロなんだから
自信をもちなさい

🌸 教育のプロとしてどうするか

　教員歴が浅いときは特に保護者との関係性の構築に悩みや困難を感じることが多いです。私自身、言われてもいないのに「子どももいない、若いあなたに何がわかるの」と思われているんじゃないかと、保護者に会うときにとても緊張した記憶があります。

　あるとき、先輩の先生から「あなたは教育のプロなんだから自信をもちなさい」と言われました。「教育のプロと言えるほどじゃないし…」と余計に自信を失いそうになったのですが、よくよく考えてみると「『教員としてのかかわり』と『保護者としてのかかわり』は異なる。『教員としてのかかわり』は教員にしかできない」ということではないかと解釈しました。

　そして「教育のプロ」として自分がやるべきことをやろうという気持ちになり、“過剰に”保護者の目を気にしたり、緊張したりすることがなくなりました。

🌸 保護者の大事な子どもを預かっている

　その先生からは「保護者から大事なお子さんを預かっているという意識を忘れずに」と言われたこともあります。子どもと接していると、その後ろにいる保護者をイメージしづらいこともあります。しかし、「保護者にとっては自分の命よりも大事な子どもを

預かっている」という意識が教員の根底にあるのかないのかということは、保護者に伝わると思います。この意識が薄いと、子どもや保護者に対してマイナスな思考や発言が増え、ますます保護者とうまくいかなくなってしまうのではないでしょうか。

「教育のプロ」として自信をもって教育活動にあたることと、保護者の気持ちや立場を考えることのバランスをとる必要があるのだと思います。

✿ 保護者も子育て〇年生

三者面談で進路の話をしたときに「保護者なのに受験のシステムをわかっていないなんて」と思った瞬間があり、それが話し方や表情にも出てしまいました。しかし、保護者にとっては親として初めての受験かもしれません。そのように考え直し、「親としての受験も大変ですよね。何か不安なことがあれば、遠慮なく言ってください」と話すと、こわばっていた保護者の表情が緩んでいきました。

保護者も子どもが生まれたときに「親1年生」と考えると、悩みながら子どもとともに成長していくのだと思うのです。その不安や迷いに対して、「教育のプロ」としてどうサポートしていくかを考えることも大切だと感じた出来事でした。

こんなふうに考えられるまでに、たくさんの先輩教員にフォローされ、保護者からの叱咤激励を受けてきました。うまくいったケースばかりではありませんし、今でも保護者との関係づくりは難しいと感じます。しかし「その子を思う気持ち」を伝え続ければ、悪い方向にはいかないような気がしています。

(内藤久美子)

あなたはあなた。私は私。

　学校現場では、子どもに対する指導に注力することが最優先されますが、その一方で保護者との関係を良好な状態に保っておくことはとても重要です。わが子を通して、教師の指導をいつも温かく見守ってくれるとともに、学校に対する協力や支援を惜しまない保護者の存在は本当にありがたいものです。

　ところが、保護者からは問い合わせや進言ばかりではなく、苦情やクレームが入ることもあり、その対応の難しさが教師のストレスとなり、体力や気力を消耗してしまうことがあります。保護者の感情や価値観をていねいに受け止め、学校や教師の判断基準を押しつけることなく合理的かつ具体的で迅速な対応をしていくことになりますが、なかにはどうしても理解してくれない保護者がいます。自己本位な苦言、不当な要求、過剰なクレームなど、多様な訴えに翻弄され、教師側が被害者感情さえ抱くことにもなります。

🌸「ゲシュタルトの祈り」で自分を大切にする

　私は若かった頃、他人の顔色や自分への評価ばかりを気にして、否定されるとすぐに落ち込んでしまうタイプでした。保護者から嫌われたくない、人間関係が悪くなるのが怖い、自分が気に入られようと迎合する…。

　そんなときに出合ったのが「ゲシュタルトの祈り」です。これはドイツの精神分析医フレデリック・パールズらが開発した、自

らの「今ここでの気づき」を大切にするゲシュタルト療法の中で使用される祈りです。さまざまな日本語訳がありますが、ここでは親しみやすいもの（國分久子訳）を紹介します。

　私は私のことをする。あなたはあなたのことをする。

　私はあなたの期待にそうためにこの世に生きているのではない。

　あなたも私の期待にそうためにこの世に生きているのではない。

　あなたは、あなた。私は私である。

　もしたまたま私たちが出会うことがあれば、それはすばらしい。

　もし出会うことがなくても、それは致し方のないことである。

❀ 自分の人生を、自分のために生きよう

　この言葉に出合った後、私は「ありのままの自分に気づき、すべてをあるがままに受け止める」というゲシュタルト療法の精神をもって、たとえ保護者に受け入れられなくとも自らを嘆くのではなく、また保護者の言動にイライラしたりもせず、教師としての自分の思いを毅然とした態度で伝えられるようになりました。

　誠心誠意、保護者に歩み寄り、折り合いをつけようと努力しても報われないとき、「私はあなたの期待にそうためにこの世に生きているのではない。あなたは、あなた。私は私である。」の祈りの言葉が、心が折れてしまいそうな自分を支えてくれます。自分を大切にするとともに、自分の人生は自分自身のために自由に生きればよいのだ、という本質に気づくことができ、レジリエンス（回復力）も高めてくれます。

　なお、パールズの弟子であるウォルター・タブスは、人と人との心のふれあいを強調した「パールズを超えて」という詩文をつくっています。関心のある方はネット検索をしてみてください。

（齊藤　優）

人それぞれに正義がある

生徒のため？　子どものため？

「人それぞれに正義がある」。私が「お守り言葉」としているこの言葉は、田中芳樹のＳＦ小説『銀河英雄伝説』に出てくる、ヤン・ウェンリーというキャラクターのものです。

若い頃、高校３年生の担任をしたとき、生徒が強く希望する職業選択と、保護者の思いが対立したことがありました。その職業に就くためには、親元から離れて県外に出る必要があったのです。私は生徒の希望をなんとか通したいと保護者を説得しようとしましたが、保護者は「自宅から通えるところに就職してほしい」の一点張りで、話が進みません。担任としてどうしても生徒の希望を叶えたかった私はあれこれ手を尽くしましたが、それがかえって逆効果となり、最終的に生徒が保護者から「そんなに言うのなら、親子の縁を切る」と言われる事態となってしまいました。それを報告しにきたときの生徒の悲しみ、苦しみ、悔しさ、申し訳なさのないまぜになった表情を忘れることができません。その表情を見て、ようやく私は自分の指導のまずさに気がついたのです。

立場が違えば正義も異なる

私が生徒のためになると思ってしたことが、かえって生徒を苦しめることになってしまいました。そして保護者とのやりとりに

疲れ果てた私の心に、「私がこれだけ考えたのに」という怒りの感情さえ湧いてきてしまったのです。先輩教員に相談したところ、「親だって子どものことを考えているんだから。教師の考えが必ずしも通じるわけじゃないよ」と諭されました。

　この失敗体験以降、進路の決定に家庭の事情が大きくかかわってくるような場合、そして親としての思いと生徒の思い、そして教師としての思いとが対立したときに、保護者の立場を考えて話せるようになりました。

　教育相談担当として保護者面談をしたり支援案を提示したりするときにも、「こうすることが生徒のためになる」という思いや理解してほしいという気持ちが強すぎて、保護者と対立したり自分の気持ちが消耗してしまうことがあります。それが怒りに変わる前に、「人それぞれに正義がある」という言葉を思い出して気持ちを落ち着かせ、自分を納得させています。

　親には親の立場、担任には担任の立場があり、正義があります。それもまたアイデンティティであり、お互いに尊重しないと生徒にとってよい方向に進んでいきません。

❀ 挟まれる立場だからこそ

　他にも、ヤン・ウェンリーの「思うのは自由だが、言うのは必ずしも自由じゃないのさ」という言葉もときどき思い出します。正論が人を傷つけることもあるからです。

　教育相談担当をしていると、生徒、保護者、教師の思いに触れることが多くあります。それに振り回されて疲れることもありますが、立場が違うという前提を忘れず、「お守り言葉」を胸に、かかわっていきたいと思います。

（佐藤久美子）

みんな必死のパッチやねん

　「困った子ども」がいるのではなく「困っている子ども」がいるのだということはよくいわれますが、それは保護者も同様で、「困った保護者」ではなく「困っている保護者」をどうエンパワーメントしていくかが重要であるのはいうまでもありません。

　しかし、保護者とのコミュニケーションが良好にいくとは限らず、保護者の不信感や怒りが学校に向かうこともあります。その対応に時間を奪われると、教員は消耗し、疲弊します。忘れられがちですが、そこには「困っている子ども」や「困っている保護者」がいるだけでなく、「困っている教員」がいるのです。

🌸 保護者対応でベースにしている考え

　困っている保護者に私も困っているとき、いつも頭に浮かぶのは、エリクソンの発達段階論です。それによれば、子どもたちは学童期（8〜12歳頃）や青年期（13〜22歳頃）という発達段階にいて、「勤勉性」や「自我同一性」の発達課題をクリアし、「能力」や「役割」を獲得することができるかを試されているわけですが、保護者や教員も前成人期（23〜34歳頃）や成人期（35〜60歳頃）にあって、「親密性」や「世代性」の発達課題に直面し、「愛」や「ケア」の力を発揮することができるかを試されています。子どもも保護者も教員も、発達課題に取り組み、成長する過程の中で、悩んだり怒ったり傷ついたりしているわけです。

この考えをベースに私は、保護者対応をする際に、教員である自分自身も含めて、それぞれの発達課題を抱え、「困っている者同士」が、ともに成長していくために何ができるかを考えるようにしてきました。

❀ あるベテラン教員の言葉

　そのように考えて子どもや保護者に向き合ってもうまくいかず、教員としての私の「愛」や「ケア」の力が足りないのかと落ち込むことも多かったのですが、そんなときに思い出すのが「みんな必死のパッチやねん」（関西で使われる「みんなきわめて必死である」という意味）という教育相談のベテラン教員の言葉でした。「保護者も自分の愛やケアの力について負い目がある。だから必死にその矛先を学校に向けてくることがある。実は子どもだけではなく保護者も先生に認めてほしい、ほめてほしいと思っている。だからみんな必死のパッチやねん」ということでした。

　さらに「傾聴して言葉だけを聴くのではなく、その出どころに耳を澄ますこと。怒りの奥には痛み（傷つき）があること。それに対応するときは、"教員として"（役割の枠組みの中で）対応すること」ということも教えてくださいました。それは「能力」や「役割」の土台の上でできるだけの「愛」や「ケア」を実践すればよいという理解につながり、落ち込むたびに思い出され、励まされました。

　とはいえ、まだまだ発達途上の私は今日も「愛」と「ケア」を試されて必死のパッチなわけですが、あのベテラン教員の関西弁のエリクソン的理解が、皆さんの保護者対応時の「お守り言葉」になれば、とてもうれしく思います。　　　　　　　　　　（池田　径）

野良犬にかまれたら、
あきらめるしかない

🌸 保護者の不適切な行動

　ひと頃、問題のある保護者をモンスターとかクレーマーとかいう時代がありました。今は認識を改め、"問題を抱えている保護者"と表現するようになりました。しかし、呼び方や認識は変わっても、残念ながら不適切な行動をする保護者はいまだにいます。一方的な要件で突然訪ねてきたり、朝から電話で担任を1時間以上束縛したり、たまたま電話に出た先生の電話対応が悪かったなど、よくわからない理不尽な苦情を1時間も2時間も話し続ける保護者もいます。

　私も以前、始業前にたまたまとった電話でその洗礼を受けました。要件を聞いても、私に対する苦情しか言いません。だからといって、こうしてほしいというはっきりとした要望があるわけでもありません。私の対応が悪かったのかと反省し、謝罪もしましたが、何を言っても怒られ文句を言われるだけです。ていねいに話を聞いて電話を切ろうとしても「逃げるのか」とさらにヒートアップし、電話を切ることさえままなりませんでした。

🌸 先生に人権はないの？

　私は周りの目を気にしながら、何とも言えない気持ちでやっと電話を切りました。理不尽な苦情を言われ、怒られ、人格を否定

するようなことまで言われて頭が混乱し、何とも言えない気持ちで泣きそうでした。人権という言葉が流行語のように世の中にあふれていますが、子どもや、保護者だけでなく、私たち教員にも人権はあるはずです。相手が先生だから何を言ってもよいということは決してないはずです。

そのとき、近くで聞いていた同僚の先生が、「お疲れさま。大変だったね。野良犬にかまれたと思ってあきらめて」と笑って言ってくれました。私は一瞬びっくりして、きょとんとしてしまいました。それまで私は、自分の至らなさが原因でこのような不祥事を引き起こしてしまったのではないかと、自責の念に駆られていたからです。

🌼 落ち度がなくても理不尽なことは起こる

その先生は、「あなたが悪かったわけではなく、たまたま通りかかったところに、突然、野良犬が現れて足をかんできただけと思ってあきらめて」と言い直してくれました。私は泣きたいほどうれしい気持ちになりました。と同時に、ホッとして冷静になれたせいか、相手の心情を少し理解することもできました。その保護者は、何かの不安や怒りをうまく処理できず、誰かに聞いてもらいたかったのではないかと思います。

自分に落ち度がなくても突然こんなことが起こることがあるとわかってからは、何事も比較的余裕をもって対応することができるようになりました。もちろん、かまれると痛いし、嫌な気持ちにもなります。けれど、それは決して自分のせいで起こるわけではなく、世の中の仕方のないことなのだと自分なりにあきらめられるようになりました。

（夏井ゆかり）

負けないで

❀ 辞めないで

　保護者の理不尽な要求に苦しんでいた年、ＺＡＲＤの「負けないで」を毎朝、聴いてから出勤していました。

　「負けないで　もう少し　最後まで　走り抜けて」

　「負けないで　ほらそこに　ゴールは近づいている」

　ＺＡＲＤの透き通るような歌声に、荒み・沈んだメンタルを癒してもらいました。

　「負けないで」の歌詞を、「（教師を）辞めないで」に置き換えて聴いていました（本当に「辞めて楽になりたい」と追い詰められていました）。

　「最後まで」や「ゴールは近づいている」の歌詞のおかげで、「今の苦しみは、３月で終わる」と思って、踏ん張ることができました。私は、自転車通勤ですが、自転車のペダルをこぎながら、上の２行の歌詞をひたすら繰り返し口ずさんでいました。今、教師を続けられているのは、この曲のおかげです。

❀ 逆マウントポジション

　保護者対応でしんどいのは、保護者がマウントをとってくることでした。

　例えば、自分（子ども）にも非があるのに、「悪いのは100％、

担任・学校」という姿勢で攻撃してくる保護者がいました。私が「お子さんも、相手が傷つくようなことを言ってしまって」と言ったことから、倍返しではすまないほどの叱責を2時間以上、受け続けたことがありました。

そんなときに、『修羅の門』（川原正敏：作）の格闘漫画を読み返しました。大柄なプロレスラーに馬乗り（マウントポジション）になられた小柄な柔術家は、一見、絶体絶命のピンチです。でも、馬乗りになっている相手を下からコントロールして相手の攻撃をいなして、逆転勝ちしました。この小柄な柔術家の闘い方からマウントポジションをとってくる保護者のコントロールのヒントを学びました。

教師が保護者に助言的なことを言っても、悪い結果にしかならない場合は、上から目線にならないように、

「わかります！」「おっしゃるとおりです」「ごもっともです」「申し訳ありません」「勉強になります」「お忙しい中、お時間をとっていただきありがとうございます」

と、下から目線で対応し続ける。そうすると、意外なほど保護者との関係が良好になりました。

あえて保護者にマウントポジションをとらせるのは、謙譲語ならぬ"謙譲対応"です。こちらが舵取りをしている感覚になり、精神的な疲労度が激減しました。ロデオ（牛や馬などに乗って振り落とされないようにするスポーツ）をやっているように、「楽しい」という感情も芽生えるほど効果的でした。そして、そのような対応の中で、保護者との関係も徐々に良好なものになっていくこともありました。

(松下隼司)

敵じゃない。応援団になりたいんだ！

🌸 いろんなタイプの保護者に、まずは合わせる

　保護者の相談に応じるとき、まずは、相手のコミュニケーションスタイルに合わせるようにしています。

　いろいろなタイプの保護者がいるので、苦手なタイプの方との面談は、緊張し消耗します。でも「自分の苦手とするタイプだな」と認識して、まずは「合わせる」ことに専念できると、自分が不必要に感情的に消耗しないですみます。

🌸 謝るポイントを見つけて謝ると、イラっとしない

　保護者がお怒りの場合、気持ち的にも自分に負荷がかかりがちです。こちらに明らかな非がない場合は、謝ることに抵抗感が生じたり、腹が立ったりするでしょう。それでも、ピンポイントで謝る部分を見つけて謝ることができると、そんなにイライラせずに謝罪できると感じています。

　ピンポイントで謝る部分を見つけるには、まずは、保護者の話をしっかり聴かなくてはなりません。話を聴いて、例えば、保護者の誤解であれば、「自分の言い方が悪かったので、そう受け止めていらっしゃったんですね。本当に申し訳ありません」と、誤解をさせてしまったような表現だった部分をピンポイントで謝ります。

🌸 怒りで、攻撃されても…

　激しい怒りの気持ちをぶつけられるときは、こちらに非があろうとなかろうと、傷つき、消耗します。人間だもの、当然です。でも、そんなときも意識的に、対立する位置に身を置かないようにしています。「敵じゃない。応援団になりたいんだ！」の「お守り言葉」を心の中で自分に言い聞かせ、「（〜にお怒りなんでしょうか？　誰もそれに気づかず、対応してさしあげることができずに）申し訳ありません。ごめんなさい。もう少しお話を聴かせてください」と、意識的に、横にいる気持ちで話を聴きます。ちなみに、見つけた謝る部分（　）内は心の中で言います。

　相手が怒りに我を忘れているような場合は、とにかく聴くだけ、謝る言葉を返すだけになってしまうかもしれません。力及ばず、管理職にも同席してもらって、話を聴くことになることもあるでしょう。そんなときでも、自分の中の「保護者と一緒に子どもの応援団になりたいんだ」を探るようにしています。

　保護者が攻撃的だと、そのことにとらわれて怒りや恨み、無力感で虚しくなるなどの気持ちが生じがちです。でも、全部とっぱらって、自分が教師として保護者とどんな関係性をもちたかったかを考えれば、そもそもは「子どものために保護者と協力関係を結びたい」と思っていたのではないでしょうか。

　うまくいかなかったときも、「一緒に応援団になりたかったんだけどな…。残念」と、自分の気持ちに折り合いをつけるようにしています。無力感や相手への怒りにとらわれるより、その根底にある本当の自分の気持ちに寄り添うほうが、自分に優しいように思うからです。

（渡辺奈津）

先生と切れなかったから、学校と切れなかった

🌸 パワフルな保護者に圧倒される

　高校の教師になり、初めて担任をもったときのことです。私は保護者への対応に疲弊していました。人間関係のトラブルから、１人の生徒がグループの仲間とうまくいかず、不登校になってしまったのです。トラブルの原因は学校外でのことで、学校に責任があるとは思えませんでした。しかし、その生徒がグループからはじき出されるような形になってしまったのは事実でした。

　お母さんは必死で、「なんとかトラブルを解決して、子どもが元のグループに戻れるようにしてほしい」と毎日のように自宅や個人の携帯電話に長時間の電話をかけてきます。電話では埒が明かないと、突然、直接出勤前に学校に立ち寄り、朝の打ち合わせ中に職員室にいらっしゃることもありました。周りの先生方から「何をやっているんだ」と白い目で見られているような気がしてなりませんでした。生徒本人とも話を重ね、原因を探り、なんとかしてあげたいと思うものの、人の心をどうにもすることができず、状況は簡単には解決しそうになく思えました。

🌸 本当は感謝してくれていた

　その生徒はなんとか他のグループに受け入れてもらい、休みがちながらも進級はしたものの、生徒にとっても保護者にとって

も、そして私にとっても苦しい日々が続きました。しかし原因が言葉の誤解であったので、ある日あっさりと問題は解決しました。生徒は就職が決まって、笑顔で卒業していきました。

　卒業式の後、"あの大変だったお母さんとも、これでお別れか"と感慨に浸っていたとき、その保護者から笑顔で「子どもが卒業できたのは、先生のおかげです。先生と（の関係が）切れなかったから、学校と切れなかった」と言われました。毎日のように必死に電話をかけてきたあの頃の様子からは想像もできないほどの温かい感謝の言葉をいただき、思わず泣きそうになってしまいました。それまでその保護者から労いの言葉を聞いたことはなく、私に感謝の気持ちをもっていてくださったことは、そのときまでわかりませんでした。私が画期的な解決方法を見つけたわけではなかったのですが、私が本人と保護者とかかわり続けたこと自体に感謝をしてくれていたのでした。これ以降、この言葉は保護者とのかかわりで苦しいときの「お守り言葉」となりました。

🌸 必ず終わりがやってくる

　高校は義務教育に比べれば保護者からの理不尽な要求は少ないかもしれませんが、いじめの訴えや長期欠席者への対応は負担が大きいと思います。高校は出席日数の制限があるため、欠課が規定時間をオーバーすると進級できません。期間限定の短期の勝負なので、教員にも保護者にも焦りがあります。義務教育の場合はもう少し長い時間になるのでしょうが、必ず終わりの時が来ます。

　その最中は相手の勢いに飲まれてしまって見えないかもしれませんが、かかわり続けているというだけで、実は相手にとって大きな救いになっていることもあるのだと思います。　　（川浦典子）

困っているのは保護者も同じ

　"モンスターペアレンツ"という言葉が広がってからずいぶん時間がたちました。今でもネット記事などで頻繁に目に触れます。理不尽だなと思えるようなクレームが突然舞い込み、その対応に疲れ果ててしまうこともあるのではないでしょうか。

　保護者からクレームが入れば、その対応に追われ、解決には多くの時間が必要となります。トラブルとなった子どもの話を聞き、相手の話も聞き、そしてその結果を保護者に伝えるなどして、日常の忙しさに拍車がかかります。それですっきりと解決できればよいですが、そうした教師の対応に納得できず、保護者がさらにヒートアップし、さらなる混乱を招いてしまうことも珍しくありません。

　こうした保護者の態度に「なぜ、そこまで」「あまりに自分勝手だ」と怒りが湧き起こり、心も身体も疲れ果ててしまうことも多いのではないでしょうか。そんな保護者との対応に疲れたときの私の「お守り言葉」は、「困っているのは保護者も同じ」です。

🌸 「怒り」は「困り」

　トラブルになっているクラスの混乱を収めるために、保護者の話を聞く機会が多くありました。そこでわかったのは、声を上げる保護者ほど「困っている」「苦しんでいる」ことです。困ったことや苦しさを理解してもらえていないつらさを抱えているものな

のです。保護者から話を詳しく聞くと、「何か月も前からトラブルがあって解決しない」といった不信感や困り感が積み重なってきたことがわかります。その結果、保護者の大きな怒りとなって表れていることが多いのです。

　保護者が教師へ放つ辛辣な言葉は、実は表面的なものであり、その本質は困りや苦しさではないでしょうか。ですから「困っているのは保護者も同じ」、そう考えることで、保護者自身が今何に困り、何に混乱しているかを冷静に見つめ、対応するきっかけをつくることができます。もちろん、困っているのは教師である自分自身もです。困った者同士、ともに向き合う方向が必ず見つかるはずです。

❀ ともに手を取り合う関係に

　保護者から手厳しい指摘を受けたときは、自分の不手際を責めることなく、そしてそんな指摘をする保護者を責めることもなく、「そんなに困っているのだから、一緒に解決に向けて力を合わせていこう」と考えて保護者と向かい合うと、自分の心も少し楽になります。

　そして、そんなふうに向き合うと、保護者もその困り感や苦しみを理解してもらえたと感じ、積極的に解決や和解に向けて動いてくれることが多いものです。私はこうした考え方に切り替えてから、保護者とのトラブルに追われることがなくなりました。

　もし保護者との対応に追われ消耗してしまったときは、「困っているのは保護者も同じ」という「お守り言葉」で視点を転換し、対応に向かってみるのはいかがでしょうか。

（坂内智之）

アクティブレスト

✿ アクティブレストとは

　突然ですが、皆さんはお休みの日はどのように過ごすことが多いですか。「特に今日は予定がないんだよな」という日は、遅い時間まで寝ていたり、いわゆる"二度寝"をしてみたり、ゴロゴロと過ごすことも多いのではないかと思います。

　「アクティブレスト」という言葉があります。これは、積極的に身体を動かすことによって疲労回復効果を高めることです。積極的休養ともいわれています。ゴロゴロして休養しているほうが休んだ気になると感じる方もいると思いますが、近年ではこのアクティブレストが推奨されているようです。

　私は、保護者への対応で消耗したときは、かねてよりこの「アクティブレスト」を「お守り言葉」としてきましたので、今回ご紹介させていただきます。ただし、ご紹介する内容はややトリッキーな部分があることをご了承ください。

✿ 疲弊したからこそ「アクティブ」に働きかける

　保護者への対応シーンで一番多いのは電話ではないでしょうか。電話での保護者からのクレームや過度な要望などで、話がうまくまとまらなかったときは多くの時間をかけての対応となりがちです。電話の回数が増えれば増えるほど、また、時間が長ければ長

いほど心身ともに疲弊します。「先生、○○さんの保護者から電話だよ」と声がかかると急にドキドキしてくることもありますよね。

　保護者から担任にかかってくる電話は、「先生のこのやり方はどうなのか」とか「○○がクラスで嫌な思いをしている」などという内容が多いと思います。そして、そのことが改善されなかったり、対応の方向性が間違っていると保護者が思った場合は、再度電話連絡がくるというサイクルになってしまいます。

　そこで、「アクティブレスト」の考えを取り入れます。結論からいうと、「電話がかかってくる前に電話をする」です。休めるときに休むのではなく、こちらから積極的に動くわけです。

　ちなみに、私は入電頻度が多い保護者に対しては、金曜日の夕方にこちらから電話を入れるようにしています。「今週1週間はどうでしたかねぇ。お子さんは何かご家庭で話してましたか？次週に向けて気になることがあればお伝え（ご協力）いただきたいのですが」などと投げかけます。そして電話の最後には、「いつも貴重なご意見、ありがとうございます。何かあれば、来週にでもお電話ください。また、こちらからも連絡しますね」と通話を終えます。疲弊しているときは、どうしても「電話がかかってこないように」と考えてしまいがちですが、あえて「電話がかかってくるように」働きかけるのです。こうすると、週明け月曜日の早い段階で電話がかかってくることはほぼありません。週のスタートで"躓く"ことも回避できるのです。これで週末も、ドキドキすることなく休養できると思いませんか。

　疲弊したり消耗したときは休養が一番です。大切なのは「どのように休むのか」。本事例が皆さんのヒントになれば幸いです。

（後藤幸洋）

誠実に、誠実に

🌸 保護者対応で心が乱される

　保護者から理不尽な要求をされたり、保護者の価値観を押しつけられたりして、対応に困ることが多くなっていると思います。教師も人間です。気持ちに余裕があるときは、誠意をもって対応できますが、長期間の対応が必要になったときや他に大きな案件を抱えているときは同じようにはいきません。「目には目を、歯には歯を」という攻撃的な発想になったり、「相手が悪いのだから仕方がない」と責任を転嫁したり、「なるようになれ」と投げやりになったりするかもしれません。

　言葉や行動に表現されるかどうかは別にしても、落ち着きを失ったり、心が乱れたりしている状態では、うまく解決に導けないことは容易に想像できます。

🌸 自分らしさを取り戻すために

　このようなとき、私は心の落ち着きを取り戻すために、「誠実に、誠実に」とつぶやきながら対応するようにしています。

　以前、私自身が、保護者対応で大きなピンチに陥ったことがあります。私の言動が誤解され、強く非難されていました。どのようにすれば自分の気持ちを伝えられるかといろいろ悩みましたが、そのときなぜか「誠実に」という言葉しか思い浮かびません

でした。そこで、あれこれ考えず、覚悟を決めて、その言葉だけを頭において対応することにしたのです。「誠実に、誠実に」と心の中でつぶやきながら、自分の言い分や言い訳を一切言わず、自分が配慮できなかったことを素直に認めて、自分の本心をわかってもらうことに徹しました。すると、少し時間はかかりましたが、私の気持ちを理解してもらえて、元の状態に戻ることができたのです。

　今でも毎日のように心が乱されるような出来事が起こりますが、その経験以来、「誠実に、誠実に」と心の中でつぶやくと、呼吸が自然とゆっくりになり、気持ちが落ち着いてきます。すると、自分の行動を客観的に振り返ったり、相手の言いたいことも見えてきて、解決の糸口が見つけられるようになります。

　人は私利私欲のために相手の不備なところを必要以上に攻撃したり、自分の主張を強く繰り返したりしがちです。私もその1人で、損得勘定抜きで行動したり、自分を守ることをやめたりすることは簡単ではありません。しかし、「誠実に、誠実に」と心の中でつぶやくことで、自分の醜さや弱さを少しは意識できるようになり、相手のペースに巻き込まれず、一貫した態度で接することができると感じています。そして自分が落ち着いた状態でいることで、保護者も私と同じように落ち着いた状態に導けると思います。

　「誠実に」という言葉は、自分自身に向けたものですが、自分から周りの人々へ自然に広がっていくものかもしれません。さまざまな知識や技術を使って対応することもときには必要ですが、時代が変わっても、素朴な感情が相手の心に染み入ることも多いのではないかと感じています。

(井上真一)

勇者たれ

🌸 保護者対応は "傾聴" と "共感" から

　昔も今も変わりなく、子どものことを心配するあまりに、時に理不尽なご意見をお持ちの保護者にお会いすることがあります。しかし、「教師も保護者も子どもを思う気持ちは同じである」と信じて傾聴していると、意外な事実や思わぬ感動に出会い、共感し、懇談を有意義に終えることができる場合があります。

　それでも自分の心が重くなってしまうときもあり、いろいろな言葉が浮かんできます。相手への不平不満の言葉は、結局自己嫌悪につながってしまうので、私は元気になれる言葉を自分自身に言い聞かせています。その言葉とは「勇者たれ」です。

🌸 教師として心に置きたい言葉

　長野県では、折に触れて毛涯章平先生の「我が教師十戒」が紹介されます。これは毛涯先生の随筆集『肩車にのって』(第一法規出版)に掲載されている、教師としてあるべき姿を記したものです。いくら時代が変わろうともこの内容は大変胸に響くものですが、さらにこの著書の中の「ここに勇者あり」と題した章で、田山花袋の『田舎教師』の中の「絶望と悲哀と寂寞とに耐え得らるる如き勇者たれ」という言葉が引用されています。

　毛涯先生は、ここに書ききれない数多くの功績を残された先生

です。晩年の先生からご指導をいただく機会があった私にとって、やりがいのある教師の仕事の中でも困難な局面に立つことがあると、今でもこの「勇者たれ」の言葉が浮かびます。

❀ 「勇者たれ」に背中を押されて

ある学校で学級担任をしていた頃、生徒指導や保護者対応に追われて帰宅が連日深夜になることがありました。重い鞄を抱えて職員駐車場に向かう途中に、毛涯先生の「勇者たれ」の一文を刻んだ石碑がありました。心身の疲労感はありましたが、「私は教師として試練に立たされてはいるが、子どもも保護者も苦しい思いを抱えているのだ。勇者となれるかどうか、今、試されているのかもしれない」と、毛涯先生に背中を押される気持ちがしました。

不思議なことに石碑の前に立つと、明日への不安がどこかに抜けていき、「よし、また明日！」と力が湧いてくる気がしました。

❀ どんな慰めの言葉よりも

現在勤務している学校に校長として着任したとき、ここにも「勇者たれ」の一文が刻まれた石碑がありました。ここは名誉村民毛涯章平先生が暮らされた地です。コロナ禍１年目に赴任しての新年度、さまざまな困難が予想される中、石碑の前に立ちました。この言葉との再会は、とても心強いものでした。

保護者との対応で心が重くなるとき、励ましや慰めの言葉もありがたいものですが、「勇者たれ」の言葉は活力が湧いてくるものです。私にとって、きっとこの先も変わらないと思います。皆さんにとっても、この言葉が「お守り言葉」になるとうれしいです。

（久保田みどり）

保護者にとっては大事なわが子

🌸「親バカ」は"愚"？

　殴る、蹴る、暴言を吐く、威張る……と、毎日名前が挙がってくるA君。苦手な教科の授業では、友達とおしゃべり。「うんこ」「おしり」と低学年並みのおふざけ。注意すると、「なんで俺ばっかりなんだよ！　他の人も騒いでるじゃん！」と逆ギレ。いや、他の人は、君が吹っかけたからつられただけでしょ、という話はまったく通じず。これじゃ、学級も授業もめちゃくちゃにされる……。そう思い、お母さんへ連絡。すると、

　「うちの子、自分ばっかり叱られると言っています。なぜうちの子ばかりなのですか！　うちの子は、優しい子なのですよ！」とお怒りモードに。

　これに対し若かりし頃の私は、「親バカ」「子どもの話を妄信」と、A君のお母さんに否定的な感情をもっていました。たしかに親バカだし、子どもの現状を直視しない過保護な面はあると思います。でも、これ、100％保護者が"愚"なのでしょうか。

🌸 私も「親バカ」、いや「バカ親」

　当時小学生だった息子が、遠足の日に発熱してしまいました。あんなに楽しみにしていたのにかわいそう。なんとか行かせてやりたい……。「そうだ、解熱剤飲ませたら行ける？」などと一瞬、

こんなバカ親的なことを思ってしまった私ですが、「行きたい！」と泣く息子をなだめ、遠足を休ませました。

　さて、その日の放課後、息子の担任の磯部敦子先生と近所の子たちが訪ねてきました。先生はライオンのぬいぐるみを息子に差し出し、

　「一緒に遠足に行けなくて残念だったよ。あなたの代わりにこの子を連れて行ったの。遠足のことは何でもこの子に聞いてね」と、ニコニコしながらおっしゃいました。

　私は、胸が熱くなりました。わざわざ足を運んでくださったばかりか、息子を励ますためにぬいぐるみを持参し、遠足の経験を共有しようとしてくださった磯部先生の思いに涙が出ました。「こんなに息子を思ってくれてありがとう」という感謝の気持ちでいっぱいになりました。

❀◌「親バカ」も真

　A君のお母さんがお怒りになったのは、「うちの子は大事にされている」と感じられなかったからです。にもかかわらず、当時の私は、「親バカ」「過保護」「保護者が変わるべき」と、問題が解決しない原因と責任を保護者になすりつけていたのです。

　磯部先生に出会って以来、私は「保護者にとっては大事なわが子」と胸に刻んでから保護者に向き合うことにしています。「あなたのお子さんは、私にとっても大事な存在なのです」、そんな思いで保護者と向き合えば、どちらが善か悪かという二極思考に陥らずに、立場は違えど子どもの幸せを願う者同士として協力する関係がつくれると感じています。

（宇野弘恵）

「止まない雨はない」とかじゃなくて 「今降ってるこの雨がもう耐えられない」 っつってんの

❀ お寺の「名言」掲示板

　ＳＮＳにはさまざまな同好の士が集まるグループがあります。先日、お寺の入り口によくある掲示板（ネットの掲示板ではなく、貼り紙用のリアル掲示板です）の写真を撮って投稿しあうサイトを見かけました。なんとなく眺めていたところ、グッとくる言葉に出会いました。それがこの、「『止まない雨はない』とかじゃなくて『今降ってるこの雨がもう耐えられない』っつってんの」という言葉です。

　お寺の掲示板ですから、 ご住職が書いているのでしょうか、堂々とした達筆な筆文字と、妙に勢いのある軽妙な口調のギャップに、思わず笑いがこみ上げました。

　ちなみに掲示板の貼り紙には、ちゃんと出典も記してありました。アニメ・イラスト作家の谷口崇さんが、Twitter（現在はX）でつぶやき、話題となった言葉だそうです。

❀ 正論だけでは救われない

　学校現場で発生する"つらい場面"を挙げれば多々ありますが、生徒の指導をめぐって保護者と対立したり、思いが通じ合わなかったりする状況は、その中でも格別といえるでしょう。

　自分が当事者のときばかりでなく、同僚がそのような目に遭っ

ているのを端で見ていたとしても、つらくなってしまいます。通常業務だけでもヘトヘトなのに、個別対応の時間や心理的負担は大変なものです。すっかり自信を失い、心身のエネルギーも消耗して、職場に行くのもしんどく感じます。

そのような"つらさMAX"のタイミングで、「止まない雨はないよ」とか「明けない夜はない」などと慰められたらどう感じるでしょうか。私なら、ちょっと微妙な気持ちになるかもしれません。「たしかに、そう。そうなんだけど…」というもやもやした気持ちに困惑しつつ、口では「そうだよね」と答えてしまいそうです。

今日のその日をしのぐだけで精一杯のときや、よかれと思ってした対応が裏目裏目に出てしまい、保護者に責められたときなどは、じつに切ないものです。そんなとき、人はどんなケアを欲するものでしょうか。

🌸 今つらい人は今すぐなんとかしてほしい

正論で教え諭したり、励ましたりするくらいなら、これ以上濡れないように傘を差しかけるとか、乾いたタオルを渡すとか、とりあえず今だけは、土砂降りでいつ止むともしれない雨から守ってほしいなあと思います。「止まない雨はない」という美しい言葉に頷けるのは、危機を脱して一息ついた後かもしれません。

そう考えると、さまざまな事例を体験して、ある程度の見通しが立つベテランほど、"正論の罠"に陥る危険がありそうです。そんなときはこの言葉を思い出して、今すぐできるフォローの方法はないか、その身になって考えていきたいものです。

（伊藤久仁子）

楽しいことは２人分、
悲しいことは半分

🌸 「保護者の信頼がない状況」を引き継ぐ

　保護者や子どもと面談をするとき、心を割って話せるためには対等でお互いを尊重しあえることが重要です。その目安として、冗談を言い合える関係かどうかを大切にしています。

　しかし、保護者との信頼関係がない状況を引き継ぐこともあります。学年主任となったとき、すでに前教科担任ともめていて、保護者は学校の対応が不誠実であると不満をあらわにしていました。詳しいことは知らないという設定で保護者と会った私は、引き継いだものはありましたが、そのニュアンスが違っていたので一つ一つ確認する作業から面談を始めました。「起こった事件を全部また話さなければいけないのか」と私も不満を言われましたが、「大切なことなので、気持ちをきちんと直接聞きたいのです」と言うと納得してくださり、話を聞かせてもらうことができました。保護者に録音されながら面談するのは初めての体験でした。

🌸 怒りや悲しみを聞き、解決のイメージを共有する

　結論をいうと、保護者が録音しなくなるまでには１年以上かかりました。それまで胃の痛くなる思いも続きました。しかし、解決の兆しが見えてきたのは、保護者に何度も呼び出されて、教頭にも同行してもらった頃からだったと思います。２人とも保護者から厳しく言われ、落ち込んで帰ったことも多かったのですが、

長く話す中で、１つの目標としていた"冗談を言って保護者と一緒に笑う"場面をつくることができたのです。教頭と「家庭訪問の中で１回は笑いがとれるといいね」と話していました。

♣。♪たのしいことは ふたりぶん　かなしいことは はんぶん

「♪たのしいことは ふたりぶん　かなしいことは はんぶん」。当時「おかあさんといっしょ」（ＮＨＫテレビ）で流れていた「ふたりはなかよし」という歌の歌詞です（作詞：日暮真三）。息子が見ているテレビから流れてくる曲でした。

当時は保護者との関係に悩み、非常に苦しい時期でした。腹が立つ気持ちや伝わらない悲しみを教頭と共有し半減させ、理解を得たときには一緒に喜び、粘り強くかかわりました。また、学校では教育相談委員会に報告し、対応を協議していきました。まさにこの歌詞のとおりでした。

保護者は"自分のストーリー"で子どもを解釈し、矛先を私たちに向けました。そのストーリーに付き合いながらも疑問符を投げかけ、修正していきます。昔、大野精一先生（元星槎大学大学院教授）から聞いた「真剣に聴け、でも深刻になるな！」も心に残っている言葉の１つです。

どんな保護者も、子どもを応援する気持ち、成長を願う気持ちは、教師とも共有できるものです。その部分で、タッグが組めるようになるまでは頑張るしかありません。

振り返れば、「チーム学校」だったのだと思います。チームで対応し、（保護者も含めて）誰一人孤独にせず、苦しいことは半減させて、子どもの成長を喜び合って、協力できることは協力していったのではなかったかと思います。

（相原孝之）

子どもが味方なら大丈夫

❀ わが子が大事にされていることがわかれば

「子どもが味方なら大丈夫」

先輩教員からの励ましの言葉でした。

「どんなに保護者が批判してきても、子どもが味方なら大丈夫。子どもがこっちを応援してくれるなら大丈夫だよ。保護者が学校に批判的だったとしても、わが子が大事にされていることがわかれば、保護者も最後には教員の味方になるから」

この言葉は、保護者とのかかわりに苦しんでいるときの「お守り言葉」となりました。

❀ サヤカの母親からの授業批判

中学校2年の学級を担任したときのことです。4月下旬の最初の保護者会で、サヤカの母親が私の授業を批判しました。

「先生の授業は話が長いから、眠くなってつまらないと、うちの娘が言っていました」

グサッと胸に突き刺さる発言に苦しい気持ちを抑えながら、「子どもたちの声も聞きながら、わかる授業、楽しい授業をめざしていきます」、そう言うのが精一杯でした。

後日、サヤカと2人で話す機会がありました。

「サヤカさん、ごめんね。授業中に眠くなるってお母さんから聞

いたよ。もっと楽しい授業にしなくちゃいけないね。先生も頑張るよ」

　サヤカの答えは、母親とは少しニュアンスが違いました。

　「先生の授業はいつも楽しいよ。でも、実験じゃないときの授業では説明ばかりで眠くなっちゃう。そんなときも先生が実演とかして実物を見せながら説明してくれたらいいな」

　「なるほど、試してみるね。アドバイスをありがとう」

🌸 批判が相談に、そして学校の応援団に

　実際に解説が中心の授業は、わかりやすくと思うあまり、説明が長時間続くことが多かったです。サヤカのアドバイスを受けて、私が実験を演示しながら解説をすることを心がけました。

　「うちの子と授業のことで話してもらえたそうで、サヤカも喜んでいました」。母親からの感謝の手紙でした。

　その後も班替えの方法や、キャンプの持ち物など、いろいろなことについてサヤカの母親は私に連絡してきました。でも、それらは批判というよりは、私への相談という印象に変化していました。

　３年生でもサヤカの学級担任となりました。サヤカの母親は学級ＰＴＡの役員を引き受けてくれました。お礼の電話をかけると「山口先生には何でも相談できる」と言ってくれたのです。

　わが子が大切にされているという実感が、批判を相談に、そして学校の応援団に変えていく一幕となりました。もしかすると、私自身も「お守り言葉」のおかげで、母親の言葉を批判としてではなく、相談として聞けるようになっていたのかもしれません。

（山口　聡）

自分の子どもを悪くしようと
思っている親はいない

🌸 わが母への懺悔

　私事ですが、私は母子家庭で育ちました。私が3歳のときに、父親の借金とＤＶで両親が離婚し、私は父親の顔もよく覚えていないまま成長しました。思春期には自分の家庭状況を憂い、母親に汚い言葉を浴びせたり、いわゆる不良行為を行って迷惑をかけたりすることもありました。学校から呼び出されれば、母親はあちらこちらへ出向き、何度も頭を下げていました。高校生になった私が「普通科高校を卒業すると、たいていは大学へ行くらしい」と伝えると、中卒の母は「学がないので、学校のことはわからなくてごめん。頑張って大学へ行きなさい」と言って、内職の仕事を増やし、自分の身の回りのものを切り詰めて貯金をしてくれました。

　あんなに迷惑かけた息子なのに、母親は「あなたを信じている」「子どものために、親が働くのは当たり前」と言い続けてくれました。そんな母親には、懺悔と感謝の気持ちでいっぱいです。

🌸 保護者からの教師への「理不尽な要求」は愛情の裏返し

　児童生徒が問題行動をしたり、仲間とトラブルになったりしたときに、保護者を交えて事情を聞いたり、指導をしたりする機会があります。そうしたときに、保護者の中には「うちの子だけが

悪いのでしょうか」とか「学校の指導にも問題があるのではない
でしょうか」などとわが子を守ろうとしたり、周りの非を責めた
りする方がいらっしゃいます。

　こうしたときには、まずは「この保護者は、わが子がかわいく
て仕方がないんだ。わが子が責められていると感じて、守ろうと
しているのだ」と思うようにしています。「子どものことを心から
大切に思っている」という気持ちを保護者と共有できれば、保護
者も教師の言葉に耳を傾けてくれるようになると思うからです。

🌸 「罪を憎んで、人を憎まず」

　教師はいわゆる「ほめて伸ばす」指導を基本とし、積極的生徒
指導に力を注いでいます。しかし、問題行動が起こったとき、わ
れわれ教師は、問題行動の事実を明らかにして、児童生徒に反省
を促すことばかりに気をとられてしまうことがあります。「教師
の手を煩わせて…」と、問題行動を起こした児童生徒に悪い感情
をもってしまうことも少なくありません。保護者に対しても「親
のしつけがなっていないから問題行動を起こす」と、保護者に責
任を転嫁してしまうこともあります。こうした教師の感情は、押
し殺していても児童生徒や保護者に伝わってしまうものなのです。

　そんなときこそ、「どんな児童生徒も、よりよく生きたい、間違
ったことをしたときは取り返したいと思っている」と信じ抜いて
指導にあたるとよいと思います。保護者も「自分の子どもを悪く
しようと思っている親はいない」のですから。この「お守り言葉」
を胸に、保護者の思いを代弁し、子どもの人格を尊重して、善導
しようと注力していることが伝われば、保護者は学校に協力して
くれるようになると実感しています。

(草野　剛)

第3章

子どもへの指導がうまくいかず
苦悩したとき

8勝7敗で勝ち越せばいいんだ

✿ オアシスのような言葉

「8勝7敗で勝ち越せばいい」。中学校時代の恩師であり、多くの著書のある家本芳郎先生（故人）から、教員になりたての頃にいただいた言葉です。すべてをうまくやらなければならないと気負っていた私にとって、オアシスのような言葉でした。

当時の私は、頭の中で「教師はこうあるべき」と理想ばかり追い求めていました。一方で、実際には子どもの声を聞かずに高圧的な指導に終始することもありました。今思い出すと本当に恥ずかしい限りですが、当然、子どもたちとうまくいかないことの連続でした。例えば、教員になって1年目に担任した中学校1年の学級に、マヤがいました。秋の文化祭が終わった頃、マヤが私を無視するようになりました。話しかけても返事もしません。そして、彼女は私の書いた学級通信をゴミ箱に捨て始めました。目の前で毎回捨てるのです。学級通信の内容がいけないのか…。マヤとの対話はどうしたらいいんだ…。日常の子どもたちとのかかわりは…。マヤは私に何かを伝えたかったのでしょう。しかし、当時の私はどうすればよいのかわからず、思い悩む毎日でした。

✿ 「通算打率3割を目指す」

子どもとの関係づくりや学級経営がうまくいかずに悩んでいた

私に、家本先生はこんなふうに話してくださいました。

「教員人生を終えるときに、相撲にたとえたら8勝7敗で勝ち越せばいいんだ。野球なら、通算打率3割を目指す。3割打てば立派な打者だろ。まだ1年目。子どもとうまくいかなくても当たり前。5年後、10年後にうまくいくようになればいいし、退職するまでに取り返して、最終的に3割うまくいけばいいじゃないか。欲張って8勝7敗で勝ち越せれば上出来だよ」

「通算打率3割を目指す」

「8勝7敗で勝ち越せばいい」

私はこの「お守り言葉」を今でも大切にしています。「失敗しても大丈夫、この先に必ず取り返せる」と思えるからです。

加えて次のようなお話もいただきました。

「今うまくいかないことがあっても、次に出会う子どもたちにそれを返していくんだ。できなかったことを、次の子どもたちで実現していく。そうやって力をつけていけばいい」

✿ 「失敗を恐れず、たくさんの打席に立つ」

家本先生からいただいた「お守り言葉」に加えて、最近はこんなことも考えています。

「2打席で1回のヒットを打てば打率5割。でも私は出場回数、打席数の多い選手でいよう。凡打が増え、たとえ打率が下がっても、多くの打席に立てる打者を目指そう」

失敗を恐れて子どもとかかわることを避けるのではなく、日々の子どもとのかかわりを大切にし続ける教員でいたいと考えています。

（山口　聡）

本気で取り組んでいれば、
必ず誰かが助けてくれる

🌼 指導がうまくいかないケースとは

　私は、生徒への指導がうまくいかないケースは大きく３つある
と考えています。１つ目は生徒が反抗・反発しているとき、２つ
目は生徒の意欲が低下しているとき、３つ目は生徒に発達障害等
があり指示をうまく受け入れることを苦手としているときです。
また、この３つが複合的になっている場合も考えられます。

　この中で、特に精神的負担を感じるのが１つ目のケースではな
いでしょうか。繰り返し指導をしても一向に改善されなければ、
大きな声を出したり叱ったりすることも増え、心身ともに疲弊し
てしまいます。そして、指導すればするほど悪循環に陥り、生徒
の不適切な行動が顕在化してしまうこともあります。

　そのようなときの私の「お守り言葉」に「本気で取り組んでい
れば、必ず誰かが助けてくれる」があります。このフレーズを大
切にして今まで乗り越えてきました。

🌼 「誰かが助けてくれる」ミニエピソード

　ここでは、上述の１つ目のケースに関して、ミニエピソードを
交えて紹介していきたいと思います。

　私が20代のときの話です。当時の私のクラスにいたＫ子が、私
の指導にまったく従わない時期がありました。Ｋ子は学力が高
く、クラスの中心的な存在でした。毎日のように職員室や相談室

で粘り強く話し合いをしても、改善することはありませんでした。なぜ反抗的な態度をとるのか、その理由をK子は明言することがなく、私は困っていました。そこで、隣のクラスのO先生に相談し、あえて隣のクラスのO先生とK子とのリレーションを深める作戦を立てました。そのとき、O先生は「後藤先生はいつもK子に全力でぶつかっているから、何かしてあげられないかなって思ってた」と笑顔で言ってくれたのでした。

　翌朝、さっそく作戦実行です。まず、私はK子に「そういえば、O先生がK子のことをほめてたな」とつぶやきます。短い会話なので、K子の反発はありません。K子は気になってO先生のところに行きます。K子はこれを契機にO先生と雑談する機会も増えました。そして、O先生はある日の放課後、K子に「担任と話しているところ見たことないけど、何かあったのかい？」と切り出してくれました。K子は、クラス全体がなかなか落ち着かないのに対して私が何も手立てを講じていないように見えていた、とのことでした。その苛立ちがつい担任への反抗的態度となって表れてしまったのだと。私は、学級運営の在り方を見つめ直しました。「本気で取り組んでいれば、今度はK子が助けてくれるのではないか」と思えたのです。

　今も逆境を乗り越えなければならないときには、O先生のあのときの言葉と笑顔を思い出します。そして不思議と、「本気で取り組んでいれば、必ず誰かが助けてくれる」日々を過ごすことができています。

　最後に、上述した3つのケースに共通していえることは、「"深刻"にならず、いかに"真剣"に本気で取り組んでいるか」です。皆さんの取り組みとその積み重ねは、きっと誰かが見守ってくれています。

（後藤幸洋）

子どもたちのゴールは先にある

🌸 子どもたちのゴールは先にある

　ある年に担任した小学校6年生。小学校生活のゴールが近づく2学期後半になり、指導が思うように伝わらなくなってしまいました。中学受験や家庭環境などが直接・間接的な原因となって子どもたちの心が荒んでしまうと、通常の指導が子どもたちの心に響きません。一部の子どもたちではありましたが、その子たちによって繰り返される反抗的な言動に、私の心は潰れそうになりました。

　それでもなんとか無事に中学校へ送り出すことができましたが、当時の苦しさは思い出すのもつらいほどです。卒業までの3か月間は、動かぬ足を引きずりながら必死でゴールに向かうマラソンランナーのような心境。「ゴールは遠いなあ」としんどい気分が膨れ上がり、ため息をつきながら教室に向かいました。

　学年末までにはこんなふうに育てようと考えていたのに、そうならない現実を前にすると、打ちのめされてしまいます。管理職からも同僚からも保護者からも、冷たい視線が向けられているように感じられ、うまくいかないことを子どものせいにしたり、自分自身の指導力のなさに情けない気持ちになったりしたものです。

　ところが卒業から3か月ほどたち、反抗的だった卒業生の1人から葉書が届きました。「あのときはご迷惑をおかけしました。お

かげさまで今は楽しく中学校生活を送っています」と書いてある
ではありませんか。

「受け持ったクラスの学年末や卒業式がゴールなのではない。
子どもたちにとってのゴールはもっと先にある」

そんな言葉が頭に浮かび、救われたような気持ちになりました。

✿ 教師は成長を続ける子どもたちの伴走者

もちろん卒業までの数か月間、指導するのをあきらめたわけで
はありませんでした。

「私の仕事は、君たちの成長を信じてあきらめないこと。だか
ら、伝えなければならないことは卒業するまで伝え続けるから」
と繰り返し繰り返し話して、なんとか自分の気持ちを奮い立たせ
ていました。

ただ当時は、担任として自分の思い描くゴールしか見えていな
かったのでしょう。そこに向かって進もうとしない子どもたちに
対して、厳しいことばかり言っていたような気がします。でも、
この出来事を経験してからは、

「子どもたちのゴールはまだまだ先にある。私は子どもたちの
『今』に寄り添う伴走者なんだ」
と、割り切れるようになりました。

「ゴールは先にある」という考え方は、指導を先延ばしにすると
いうことではありません。「担任なんだから、この子たちをいつい
つまでになんとかしなければ」という強迫観念から解き放たれる
こと。そして、一人一人の子どもたちの「今」に向き合えるよう
になることに意味があるのだと思います。

（浦野裕司）

今は、星に向かう旅の途中

❀ 「この子はこんな子」は支援に必要だけれど

　特別支援教育コーディネーターとして教室の様子を見に行くと、授業が始まっているにもかかわらず、教室の後ろで虫かごに夢中になっている子がいます。「お勉強始まっているよ。席に座りましょう」と声をかけても、ふりむきもしません。肩に軽くトントンすると、体を捻じってよけるようなそぶりもありました。

　こんなとき「ルールの守れない子だ」など、この子の状態を判断する言葉だけでは、支援に役立たないことが多いです。

❀ 今はどの段階にいるのかな？

　「難しい子だな」とは思いますが、まずは、関係性としてどの段階にいるのかなと考えるようにしています。かつて、森俊夫先生（2015年に逝去された、ブリーフセラピーの研究・臨床家）に研修で教えていただいた「マッチング、ペーシング、リーディング」を、自分なりの解釈で使っています。信頼関係、ラポールは、まずはマッチング（相手に合わせて）、次にペーシング（ペースを合わせてコミュニケーションをとって）、最後にリーディング（少しずつ指導を入れていく）の順番で築いていきます。

　前述の子は、まずはマッチングの段階にあると考えて「これ、なんの幼虫？」と声をかけました。すると「アゲハだよ。夏ミカ

ンの木の葉っぱにいたんだ…」と、聞きもしないのにたくさん話し始めました。マッチング成功、次はペーシングだな…、と。「うんうん、へぇ～」と相槌を打ちながら、とにかく聴きます。「もうすぐ、さなぎになると思うんだけど…」に、「すごい、よく知っているね。楽しみだね」と。しばらくすると、満足そうな表情で、ふと教室のほうを見て授業中であることに気づいた様子がありました。そこで、「じゃあ、お席に座ろうか」（リーディング）と声をかけると、すっと自分の席に戻っていきました。

🌸 スモールステップのどこにいる？

　課題が多い子どもは、指導がうまくいかず苦戦しがちです。担任をはじめ、保護者、支援者が焦りや憤りを覚えることも少なくありません。そんなときこそ、見立てをもとに、子どもに合った目標を立て、スモールステップで達成していく支援が必要です。

　大きな目標を「星」と見立てて、「今は、星に向かう旅の途中」と自分に言い聞かせ、スモールステップ（小さな目標）のどの段階にいるのかを忘れないようにします。列車が一つ一つの電信柱（小さな目標）を越えていくように、小さな目標を達成していくイメージです。このことも、かつて森俊夫先生に研修でメタファーとして教えていただきました。そのときは松本零士のＳＦ漫画『銀河鉄道999』をモチーフに解説してくださいました。機械の体を求めて列車に乗る主人公が、限りある命を精一杯生きることの大切さに気づくという物語の結末を考えると、「今、自分が大きな目標と思っていることは、本当にこの子が望む目標なのだろうか」と考えながら、「星に向かう旅」に寄り添っていこうと思います。

（渡辺奈津）

「意味」が変われば「行為」が変わり、心は後からついてくる

🌼 子どもがわかってくれない

「子どもがわかってくれない」。教師がそう思ったとき、子どもは「先生がわかってくれない」と思っているに違いありません。自分のことをわかってくれない先生に心を開くはずもありません。日頃から子どもの状況を把握し、評価できることは評価して尊重していれば信頼関係はできていると思いますが、教師にゆとりがないとよい関係がつくれないこともあるかと思います。

　子どもに対して「怒り」「嫌悪感」を感じたとき、きっと同じ感情を子どももっています。だから、なぜそうなったのかを自覚しておく必要があると思うのです。特に中学生・高校生になると、人から怒られ慣れてきた子どももいて、思うような指導ができないことは多々ありました。そんなときにどのようなかかわりをもてるようになればよいか、解決のヒントになる「『意味』が変われば『行為』が変わり、心は後からついてくる」という言葉・考えを、精神科医の岡田隆介先生にもらいました。児童相談所などさまざまな環境で育った子どもたちと話し、保護者の成長も見届けてきた長年の経験から紡ぎ出した言葉だと思います。

🌼 「意味」が変われば「行為」が変わり、心は後からついてくる

　詳しくは岡田隆介著『家族の法則―親・教師・カウンセラーのため

の道標50』（金剛出版、1999年）などを見ていただきたいと思います
が、大まかに説明すると「家族療法」「アドラー心理学」「ブリー
フセラピー」などの考えを統合した発想と理論です。

　「不適切な行動」を個人の問題ではなく、家族システムの中で起
きる「きしみ」と考える方法で、子どもを責めるのではなく、子
どもの面子を守り心情を理解することから始め、システムの中で
動ける人が動くことで小さな変化を起こし、全体の変化へと導こ
うとする方法です。その変化をさまざまな形で起こすレパートリ
ーがたくさん書いてあり、いつも参考になります。

　私がこの方法が大好きなのは、理論的にも理解しやすいだけで
なく、それを明るく実践する岡田先生の姿勢です。子どもも保護
者も相談係も担任も笑顔で成長できるように、周りも明るくして
くれるのです。前述の本でもその姿勢が貫かれています（『月刊学
校教育相談』に長期にわたり連載されている団士郎先生の挿絵が
ほのぼのとした雰囲気をつくり、その効果を倍増させています）。

✿ 実践から出てくる理論

　教員生活を続けてきてどういう言葉に救われたかを考えたと
き、この岡田先生の姿勢や本は、自分の“バイブル”のようなも
のであると自覚しました。経験や実践に裏打ちされたものが理論
と相まって補強され、より実践に活かされていくものであると感
じました。

　○○のコンサートに行って癒されたりエネルギーをもらったり
するように、「あの先生とかかわって癒された」「エネルギーをも
らえた！」というような担任や相談係になりたいものです。

（相原孝之）

まだスキルが身についていないだけ

🌸 思い込みからくる誤解

　経験が浅かった頃、生徒が「指導されたこと」と「できるようになること」はイコールだと思っていました。一度では身につかなくても、何度か指導されることでできるようになるものだと、なんの疑いもなくそう思っていました。ですから、思っていたように生徒が行動しないとイライラしたり、生徒を責めたりするような言動をとってしまい、それが原因でトラブルになることもありました。

🌸 発想の転換

　以前、研修会で大学の先生の講演を聞き、印象に残っている話があります。

　「時代が変わり、最近では講義に遅刻してくるだけでなく、テストのときでも遅刻をしてくる学生が出るようになった。はじめのうちは、遅刻してきた学生に注意をしたり叱ったりしていたが、なかなか改善しない。そこであるとき発想を転換し、『この学生はこの歳になるまで、遅刻をしたときにどう行動したらよいかを学んでこなかった気の毒な学生なのだ』と考えるようにした。そう考えると、叱ろうという気持ちにはならず、『遅刻した後はどうしたらよいか』をていねいに教えるようになった。すると、講義や

テストに遅刻をしてくる学生がいなくなった」

　私は、名門校といわれる大学の学生でもそうなのかと驚くと同時に、その考え方にとても共感を覚えました。

　私たちは、教えたら生徒は理解して、できるようになると思ってしまいがちですが、実際はそうではありません。生徒は、そのときにはできていても場面が変わるとできなくなったり、時間がたつと忘れてしまうことがよくあります。また、優秀な生徒に対しては、勝手に「この生徒ならできて当たり前だ」と思い込んでいることも少なくありません。そのため、こちらが思っていたように生徒がやってくれないと、イライラしたり、時には頭にきたりしてしまうのだと思います。

❀ 見方を変えるとイライラが優しさに変化する

　私はこの先生の話を聞いて以来、トラブルがあっても怒らずに「この生徒は、まだスキルが身についていないだけなのだ」と思うようにし、ていねいに指導するよう心がけました。すると、イライラすることがなくなりました。

　そうするうちに、生徒から「実は…」と、それまで話せなかった事情を正直に話してもらえることも増えました。生徒たちは、頭では理解していても、実際に行動するのが難しいことがたくさんあります。そのことを理解するだけでも、生徒に優しくなれる気がしました。

　そして、このような発想の転換は、生徒だけでなく誰に対しても使えます。職場の同僚や管理職、保護者にも使えます。「まだ○○をわかっていないだけの人だ」と思うと、残念だと思うことはあっても、不思議とイライラはしなくなります。　　　　（夏井ゆかり）

あおいくま

　教師が自らの教育活動を通して、特に子どもたちへの指導に大きな手応えがあり、その人間的成長に貢献できたという思いを強くしたとき、「教師をやっていてよかった」と大きな満足感や達成感が得られます。また、たとえ自分が思い描いたようには指導できなかったとしても、卒業式での「先生、ありがとう！」という感謝の言葉で、それまでの苦労がすべて報われたように感じられ、教師のやりがいや喜び、魅力を実感できるものです。

　しかし、一所懸命に指導しているにもかかわらず、子どもたちへの指導がうまくいかずコミュニケーション不全に陥ってしまったりすると、教師という仕事の魅力を感じるどころか、つらく悲しい気持ちに覆われてしまいます。

　自身の指導力や子どもとの人間関係に苦悩するような場面では、私は「あおいくま」の言葉を心の支えにしています。この言葉は、自分の行動や態度を振り返らせてくれます。

🌸「あおいくま」で自分自身を顧みる

　「あおいくま（青いクマ）」は、「焦（あせ）るな」「怒（おこ）るな」「威張（いば）るな」「腐（くさ）るな」「負（ま）けるな」の５つの言葉の最初の文字を並べたものです（語順を替えて「おいあくま（おい悪魔）」にもできます）。元来、京都の寺院に伝わる禅宗の教えのようですが、著名な企業経営者等の人生訓として

広く知られ、芸能人のコロッケさんが座右の銘としていることでも有名です（コロッケ『母さんの「あおいくま」』新潮社）。

「あ」：うまくいかないと、こんなはずでは…と焦ってしまい、心の余裕を失ってはいないか。

「お」：叱るつもりが怒ってしまい、自分のネガティブな感情をコントロールできなくなってはいないか。

「い」：教師優位の上から目線となり、偉ぶったり威勢を張ったりしてはいないか。

「く」：自分や他人を責めてしまい、ふてくされたり落ち込んだりしてはいないか。

「ま」：もうダメだ、と自信を失い、弱音を吐いたりあきらめたりしてはいないか。

　禁止形になっていますが、自分自身を見つめるとともにモチベーションを保てて、前向きな気持ちにしてくれる言葉です。

✿ 逆境に置かれたときこそポジティブに

　どうしてもうまくいかない逆境のときこそ、「なんとかなるさ」と楽観的でポジティブな心持ちでいたいものです。「あおいくま」は、アフォメーション（肯定的な言葉を使い、なりたい自分を引き寄せること）の視点で言えば、「私は落ち着いており、おだやかで、へりくだり、明るく笑って、最後に勝つ！」となります。

　人間関係やコミュニケーションに困難をきたした際、この「あおいくま」に助けられたことが幾度もありました。さらに自信をもつために、自分流に「よ」を最後に加え、「あせるな。おこるな。いばるな。くさるな。まけるな。よし、これでよし！」と口に出して、自身の「お守り言葉」にしています。　　　　（齊藤　優）

こだわりこそ強み

🌸 ここまでうまく指導に乗っていたのに…

　高校３年生の男子Ｙは素直で、相手の意図を汲んで発言することのできる生徒でした。心理学に興味があると話し、専門書を読んでみたり、カウンセラーにインタビューしたりと、自分の進路実現に向けて意欲的に行動していました。

　そのＹが、秋になって、多くの生徒が受ける大学受験に対応した特別講座を受けないと言い出しました。通信教育の添削指導を受けて学力を高めていきたいと言うのです。もちろん私は反対しました。自分１人で勉強するのはリスクを伴うことだということを、これまで担当した生徒の例で嫌というほど思い知らされているからです。

🌸 相手を変えようとするより、自分を変えよう

　何度も面談を重ね、保護者とも話して、こちらの指導に乗るよう説得しました。それでも「自分の力でやりきりたい」というＹの考えは変わりません。なぜ指導が入っていかないのか。私との信頼関係がそれなりに築けているという思い込みがこのような事態を生んでしまったと、何度自分を責めたかわかりません。

　そのようなとき、相談したスクールカウンセラーから、「こだわりはその子の持ち味だから、変えようとしないほうがいい」とい

うことを聞きました。その言葉を聞いてハッとしました。私は、子どもの強みを活かした指導や支援をしたいと考えていたのではなかったか。相手を変えようとして独り相撲をしていた自分に気づき、「相手を変えようとするより、自分を変えよう」と思いました。そして、「こだわりこそ強み」を合言葉にして初心に返り、Ｙの力を信じることにしました。

それ以降、私はＹの応援をすることに徹しました。一方で、自分は指導を放棄しているのではないかという思いが消えることはありませんでした。共通テストを終え、志望校の最終決定をする場面では、Ｙに対してリスクを説明しながら提案をし、Ｙが決めたことを最後まで応援するということを伝えました。Ｙは、私の目をしっかりと見て、自信と覚悟を込めた声で自分の考えを力強く話しました。その様子から、厳しい判定が出ていたのですが、Ｙなら壁を乗り越えられるような予感がしました。

その後、Ｙは判定を覆し、第一志望の学校に見事合格をしたのでした。

❀ Ｙからの手紙

合格の報告をしに来たＹから、手紙をもらいました。そこには「たくさん心配をおかけしました。私のことを最後まで信用してくださってありがとうございました」と書かれていました。

「こだわりこそ強み」。この「お守り言葉」がなかったら、Ｙの考えを変えようとして対立し続けただろうと思います。こだわりがあることで苦労することもあるけれど、それが持ち味であり強みにもなるということを教えてくれたＹに感謝しています。

（佐藤久美子）

誰のための指導なんだろうね

 これが、私の「自慢の掃除システム」

　私が30代だった頃の自慢の掃除システムを紹介します。

　毎日、日替わりの輪番でリーダーを立てます。リーダーはみんなと一緒に働かず、１人教壇の上に立って全体を見て、すべての作業を一つ一つ指示します。指示を出された子は、必ず「はい」と返事をし、即座に言われたことを行います。つまりは、リーダーの指示によって全員が忠実に動くというシステムなわけです。

　このシステムで行うと、掃除は早くきれいに終わります。サボる子もいません。リーダーには自主性が育つし、他の子にも責任感をもたせられる素晴らしいシステムだと思っていました。

　あるとき、長野県の小学校教諭でいらした平田治先生の前で、この掃除について発表する機会がありました。私は、小学校２年生の掃除の映像を提示しました。全員がてきぱきと働く姿を絶賛されるかと思いきや、平田先生は何もおっしゃいません。しばらくして、

　「誰のための指導なんだろうね」
と一言だけおっしゃったのです。

　誰のための指導かって、そりゃ、子どものための指導に決まっているではありませんか！　怒りにも似た疑問が湧く一方で、「それは本当に子どもための指導なのか」という問いがじわじわ

と湧いてきました。そして、私は、もしかして自分が楽をするための、自分にとって都合のよい指導をしていたのではないかという気持ちになってきたのです。

「指示をする」「全体を統率する」のは自主性なのか。他者の粗を探し、口うるさく指摘し命令しているだけではないか。サボらず働くのだって、指示されるからではないか。自分で考えず言いなりになっているだけのことを責任感というのか。むしろ、このシステムは、自主性を奪い受動性を助長させているのではないか。

私は、自主性と責任感を育むとラベリングしながら、実は「掃除を早く終わらせる」「誰もサボらせない」ことを目的にしていたのです。掃除指導が楽、周りに称賛されるという私のための目的が、無自覚に存在していたことを自覚したのでした。

✿ 「教師＝教える師」「先生＝先に生まれた」

子どもが、保護者が、学校体制が、社会が、時代が…と、いくらでも問題の原因を外側に探すことはできます。でも、そうすればするほど、外側が変わることでしか問題は解決しなくなります。「指導が通らない」というときの多くは、原因を外側だけに置いているときです。内側から問題を見ず、外側から「ああしろ、こうしろ」と言っているから心に届かないのです。「それは誰のための指導か」という問いをもって問題を見つめてみれば、ベクトルは自ずと自分に向くのです。

「教師＝教える師」ととらえると、上からものを言う構造になりやすいことを肝に銘じたいものです。「先生＝先に生まれた」だけなのだととらえると、問題のベクトルを自分に向けることに抵抗が小さくなると感じています。

(宇野弘恵)

児童生徒は自分を伸ばしてくれる
教師を求めている

❀ 「児童生徒から好かれる先生になりたい」という邪念

　私は当初、中学校の教師として採用されました。新採の頃は「生徒から好かれる教師でありたい」と思うあまり、授業中にくだらない冗談を言ったり、生徒の話に迎合したり、本来すべき指導の手を緩めて生徒受けをよくしたりということもありました。

　しかし、こうしたことは結果的に生徒からの信頼をなくすことになりました。一部の生徒からは慕われることもありましたが、やはり生徒は「自分を正当に評価してくれる先生」「自分を伸ばしてくれる先生」を求めているのだと思います。ですから、「悪いことはちゃんと叱ってくれる先生」「学力をつけてくれる先生」「自分の気持ちを理解しようとしてくれる先生」といった「厳しさと優しさを併せもつ教師」を求めていることに気づかされました。

❀ 教師の思いは生徒たちに必ず届いている

　私には忘れられない学級がいくつかあります。その多くは、「指導がうまくいかなかった」と感じていた学級です。採用から4年目に初めて勤務校を替わりました。新採3年間で教師としての仕事をある程度は身につけた自信がありましたので、意気揚々と赴任地に向かったことを覚えています。ところが、今までの指導が通用しませんでしたし、気心知れた同僚もいなくて行き詰まって

いました。自分なりに一生懸命仕事をしましたが、行事では成績も振るわず、定期テストの点数のクラス平均も学年で一番下。生徒からは「先生は私たちに期待させるけど、結局結果は出ない。こんなことなら期待させないでほしい」という日記を書かれるほどでした。

　ところが卒業後の同窓会で、「俺たちのクラスが一番よかった」「先生が一緒に怒って、泣いて、喜んでくれたことを今でも覚えている」と、教え子たちが口々に言うのです。社交辞令もあったのでしょうが、日々の指導は、われわれ教師が思う以上に生徒たちに届いているのだと実感させられました。

✿ 教師は児童生徒の未来をつくる手助けができる素敵な仕事

　教員採用試験に臨む学生や臨任講師の勉強に付き合うことがあります。そうしたときよく話題になるのが、「学校の先生の指導が忘れられない。その後の人生に大きな影響を与えた」ということです。前述した同窓会でも、「社会の授業の○○の話はよく覚えていて、そこからいろんなことに興味をもって調べるようになった」「部活動で厳しかったけれど、とことん私たちの練習に付き合ってくれたことに感謝している。職場の人間関係がうまく築けているのも、部活動での経験が生きていると思う」などと、中学校での出来事を懐かしく話してくれる教え子も多くいました。

　私たち教師の仕事は、少なからず、子どもたちの将来に影響を与えることができます。これからも「児童生徒は自分を伸ばしてくれる教師を求めている」ことを常に意識しながら、教師という仕事に誇りと自信と責任感をもって、全うしていきたいと思います。

（草野　剛）

あきらめないなら、焦ることもない

🌸 教師も生徒も人間だから、相性はある

　こう言うと身も蓋もありませんが、教師も生徒も人間であり、相性があると思っています。子どもへの指導や関係づくりがうまくいかないときに、ある意味開き直ることも大事です。

　また、関係がうまくいかない子のことがどうしても気になってしまいますが、逆に自分に信頼を寄せてくれる子もいると思います。まずは、そういった子たちのために一生懸命やっていけばいいのではないでしょうか。

　ただし "まずは" ですし、開き直ること "も" です。開き直っておしまい、自分を信頼してくれている子との関係だけうまくいけばいいわけではありません。何かしらの突破口を探しつつ、うまくいかない子どもへの働きかけは続ける必要があります。

🌸 すべて自分がやらなくていい

　とはいえ、自分1人の力ではどうにもならないときもあります。初任校には「みんなが資源・みんなで支援」という言葉が掲げてありました（学校心理学から来ている言葉のようです）。裏を返せば「すべてを担任（1人）に押しつけない」ということで、「担任だからできること・できないこと」と「担任ではないからできること・できないこと」があると思うのです。

実際に、生徒指導上大変な子どもを担任したときに、さまざまな先生がそれぞれの立場でサポートしてくれました。そのときは事務の方の力も借りました。そして、周りの先生方が「担任1人で抱え込まなくていいよ」と支えてくれたことで、なんとか乗り切ることができました。自分が当事者でないと、つい「担任なのに…」「当該学年がしっかりやってくれないと…」となりがちです。

しかし、「逆の立場だったら…」と考えれば、その子のためにそれぞれの立場で自分ができることをやったり、困っている教員をサポートすればいいのだと思います。

❀ あきらめないなら、焦ることもない

長年聞いている大好きな歌に「諦めないなら焦る事もないさ」（ELLEGARDEN「スターフィッシュ」）という歌詞があります。この歌を聴くたびに「あきらめないなら、焦ることもない。できることをやっていけばいい。いつかは伝わる」と背中を押してもらっています。それと同時に、「決してあきらめてはいけない」と奮い立たせてもらってもいます。

もしかしたら在学中にはこちらの思いが伝わらないかもしれません。しかし、10年後、20年後にその子に伝わるかもしれないのです。教育とは見返りを求めず種を播き続けることなのかなと思います。時にはへこんだり、傷つきながらも、その子へのかかわりや働きかけをあきらめずに続けていくしかない。自分にできることはそれしかないし、それができるかということが教員として問われているのだと思います。もちろん自分1人で抱え込まず、他の人の力も借りながら、気長に焦らず、子どもとかかわっていきたいです。

（内藤久美子）

先生に会えてよかった

その場でわかってくれなかったとしても

「先生に会えてよかった」

卒業式の後に、生徒に言われた言葉です。異動したばかりで指導が大変な学年でしたが、最後の最後に１年間の苦労が報われたと思いました。教員として勤務してきて、いまだにあれ以上の言葉をもらったことはありません。

共通テストの平均点が６割くらいで、校内のテストでも90点の生徒もいれば30点の生徒もいるのですから、学習内容に限らず、話したことの３割（あるいはそれ以下）しか指導が入らない生徒がいるのは当然です。それなのにどうして私たちは、指導したらすぐに生徒は変わると思うのでしょうか。

教師が必ずしも正しいとは限りませんが、少なくとも生徒よりはいろいろなことを経験しています。そして学校の教育方針のもとで指導している内容は、基本的に生徒が社会で生きるために必要なことです。だからこそこちらが熱意をもって指導しているのに、生徒がわかってくれないと徒労感が募るのかもしれません。

しかし、教師は、生徒の目先の変化を求めて指導しているのでしょうか。私は、その場だけ変わればいいということではなく、"長い目で見て生徒の人生がよりよくなるように"という目的で指導していると考えています。今日指導したことが明日見えなく

ても、いつか教師に言われたことを思い出し、生徒の人生の役に立つことがあるかもしれません。

❀ 「先生の言葉」は生徒の中に残る

　ブラック校則が話題になりましたが、特に保守的な地方で就職や進学の進路選択の観点から好ましくないとされている服装や態度についても、多様性や自己決定権を持ち出されると対応に困るところです。制服を着ている高校生は"〇〇高校の生徒"という目で見られます。学校全体への評価という点から「目に見える現象をなんとかしなくては」という焦りが教師の苦悩を生むのかもしれません。しかし、そもそも生徒といえども、人の心や信念はそんなに簡単に変えることはできないのではないでしょうか。

　良きにつけ悪しきにつけ、学校の先生の言葉は生徒の心に残ります。良かれと思って言ったことでも、結局生徒の人生になんの足しにならなかったとしても、それはそれで仕方がありません。しかし生徒の人生が思うようにいかなかったとき、「自分のことを心配していろいろ言ってくれた人がいた」という事実が、社会との最後の絆になるような気がするのです。今日は目に見える効果はなかったかもしれないけれど、生徒のために使った時間は無駄になどなりません。

　どんな出会いも、1つとして無駄なものはなく、私たちがその生徒に会ったことにきっと意味があり、生徒の人生を思って言った言葉には1つとして無駄なものはないのです。たとえ今はわかってもらえなかったとしても、人と人との関係の中で、意味のないことなんて何もないと信じ、明日も学校に向かうのです。

（川浦典子）

それ、正論？
俺、正論嫌いなんだよね

🌸 「正しさ」よりも「楽しさ」が前に

　漫画やアニメで、子ども（特に小学校高学年女子）に人気なキャラクターの1人が、『呪術廻戦』（原作・芥見下々）の五条悟です。彼は超イケメンで、超強いです。そして、学校の先生！

　その五条悟のセリフに、

　「それ、正論？　俺、正論嫌いなんだよね」

があります（五条悟の親友である夏油傑が、「呪術は非呪術師を守るためにある」と言ったことへの返答です）。

　この五条悟のセリフに、やんちゃボーイ・ガール対応がうまくいかず悩んでいたとき、救ってもらいました。

　大人目線、教師目線で見ると、子どもの言動って、理解できないことがあります。

　「どうして、そんな下品なことを言うのか？」

　「どうして、そんな傷つくようなことを言うのか？」

　「どうして、そんな乱暴なことをするのか？」

　教師として正論で、やんちゃボーイ・ガールに対峙しても、自分の言葉が子どもにまったく響いていないと感じました。私の言っている内容は正しいけれど、楽しくなかったからです。やんちゃボーイ・ガールに正論で論破しても、言い負かしても、私への恨みしか残りませんでした。

❀ 「子どもみたいなことするな！」と一喝で、笑顔に

　子どもが下品なことを言ったり、休み時間に教室で暴れたり、自分勝手なことをしたりしてしまったときに、つい
　「子どもみたいなことするな！」
と言ってしまいました。すると、子どもから、
　「子どもです！」
と、笑顔で言い返されました。私も、
　「あ〜、子どもやった。ごめんごめん」
と言って、笑顔になりました。子どもも私も気持ちがほぐれました。その後で、私が、
　「気をつけや」
と言うと、子どもも
　「はい」
と、素直に言って、指導が入りやすくなりました。

❀ 子どものケンカ中に「♪揉めたら、あかん〜」と歌う

　天童よしみが歌う「のど飴」のＣＭがあります。「♪舐めたら、あかん〜。舐めたら、あかん〜」のフレーズで有名です。
　子ども同士のケンカをうまく収拾できず悩んでいた頃、このＣＭソングをもとに「♪揉めたら、あかん〜」と歌って、子どものケンカに介入してみました。すると、ケンカしていた子どもの興奮が収まり、笑顔になりました。まわりにいた子どもたちも、続きを歌って、笑顔になりました。子どもが笑顔になってからだと、ケンカへの指導も入りやすくなります。

（松下隼司）

結果は後からついてくる

❀ 今がすべてではない

　中学校で家庭科を指導していたときに、ミシンで制作する作品の評価で技能点が伸びず、その学期は5段階で「2」の評定を付けた広美さん（仮名）がいました。広美さんは、バレエを習い、明るくて元気な女子生徒でした。

　それから10年近くたったある日、町で偶然、彼女に出会いました。思い出話で会話も弾んだ後に、私は「今、どんな仕事をしているの？」と聞きました。すると広美さんは「東京で、舞台衣装を制作する仕事をしています」と教えてくれました。自ら舞台で踊る道ではなく、演者の衣装づくりを職業にしていることに驚きました。

　子どもたちへの指導は、その場ですぐに結果が出ることは少なく、学校生活でのすべての学習体験、生活体験が、どのようにその子の未来へつながっていくのかを知る術はありません。時に悩み、迷いながら指導するときには、「結果は後からついてくる」「今の自分にできることを精一杯するだけ」と自分に言い聞かせています。

❀ 成長を信じて、ただひたすらに

　生徒指導係を担当していたときに、発達障がいをもつ大輔さん

（仮名）が中学校に入学してきました。複数の診断名を受けており、個別の指導計画や個別の教育支援計画等を作成し、全職員で共有して指導にあたりました。しかし、学習内容の定着が不十分で自己肯定感が低かったこともあり、計画した指導が有効であるのかどうか評価も難しい状況でした。

　家庭環境にも恵まれず、気持ちの荒れがうかがえる大輔さんでしたが、担任を中心にして中学校３年間の長い期間を視野に入れた根気強い支援を行いました。担任も自問自答しながらの日々でしたが、私は「焦らずあきらめず、結果は後からついてくるから大丈夫」と声をかけました。

　３年生の１学期になる頃には大輔さんも落ち着きを見せ、５分間も集中力が続かなかった学習も、高校入試を目指すまでに成長しました。卒業が近くなる頃には、１年生当時の悪行（？）を語り合って笑えるまでに生活も落ち着いていました。

　子どもへの指導がうまくいかないと悩むことは多いですが、成長を信じてかかわることの大切さを感じました。

🌸 子どもたちの不安軽減を願って

　「結果は後からついてくる」という言葉は、教師だけでなく生徒が高校入試に向かって不安を抱えている時期にも用いています。思うように試験勉強が進まなくて、不合格という結果が頭に浮かぶ頃、「今できることに精一杯向き合ってほしい」という願いを込めて、「結果は後からついてくるよ」と声をかけています。

　私にとってお守りとなるこの言葉で、少しでも子どもたちの不安が軽減できたらと思っています。

（久保田みどり）

挑戦・突破

❀ 子どもに思いが伝わらないときに

　教師は子どもたちに学習内容だけでなく、さまざまな考えや思いを伝えようとしています。しかし、生徒指導の場面など、繰り返し話をしても、教師の思いが伝わらずに、解決への道筋がまったく見えないときもあります。無力感におそわれ、子どもたちに対して、新たなかかわりをもつ意欲が失われてしまいます。

　そのようなとき、「挑戦・突破」という言葉が私を勇気づけてくれます。挑戦とは、この場合いうまでもなく、子どもにアプローチし続けることです。新しい方法を見つけようとあちこち探し回ることもあるし、それまでに行った方法でもう一度挑戦することもあります。何度挫折しそうになっても、繰り返し挑戦し続けている限り、解決の道が見えてくると信じることが大切です。

　挑戦することをあきらめたら、解決の可能性は０％、つまり突破することはできません。繰り返し挑戦する姿勢が、突破するための原動力になっていると私は思います。

❀ 「挑戦・突破」との出会い

　私が「挑戦・突破」という言葉に出合ったのは中学生の頃です。ロサンゼルス・オリンピックの体操で金メダルをとる活躍をした具志堅幸司選手が『突破! 突破! 限界への挑戦―努力する才能と信じ

る心』（講談社）というタイトルの本を出しました。当時具志堅選手は、けがを努力で乗り越え、堅実で安定した演技をすることと、演技前に「突破！ 突破！」とつぶやきながら集中を高めることで有名でした。

　中学校で体操部だった私は、その本に感銘を受けました。そして「挑戦」と「突破」の２つが対になることに新鮮さを感じると同時に、とても勇気の湧いてくる言葉だとも思いました。そのとき以来、未知のこと、難しいことに取り組むときにはこの言葉を思い出すようになり、私にとって大切な言葉になりました。

🌸 子どもにとっても大切な言葉!?

　「挑戦・突破」は、私が教師になってからは、子どもたちに何かを教えるときに、私自身の姿勢として意識してきた言葉です。しかし、今では子どもたちに身につけてほしい考え方にもなっています。

　今の子どもたちは、新しいことに挑戦することを怖がったり、困難なことにぶつかるとすぐにあきらめてしまったりする傾向がある気がします。そのような子どもたちに、何度も挑戦しようとする意欲を高め、突破する体験をさせたいと強く思うようになりました。子どもたちに挑戦することの素晴らしさを伝えたり、挫折しそうなときに適切な支援を行ったりしながら、子どもが突破する喜びを味わってほしいと思っています。

　そのような思いを込めて、卒業生へのメッセージには、いつも「挑戦・突破」を送っています。「挑戦・突破」を子どもたちと共有しながら、意欲的に、前向きな毎日を送っていきたいです。

（井上真一）

かかわる・しのぐ・
つなげる・たがやす

🌸 オールマイティーな「お守り言葉」

　なんでも解決する魔法の呪文があればいいのに。いやいや、そんな魔法はありません。しかし今すぐ解決しなくても、ややこしくもつれたさまざまな状況を分析し、アセスメントしながら次に具体的にどう行動するかを教えてくれる言葉ならあります。それが「かかわる・しのぐ・つなげる・たがやす」という言葉です。この言葉は、私の心のよりどころであるばかりでなく、具体的な行動の指針にもなっています。

🌸 大野精一先生が教えてくれたこと

　大野精一先生（学校教育相談の実践と理論化に尽力された、元都立高校教諭・元星槎大学大学院教授）との出会いは、1997年にさかのぼります。困難な事例や校内組織構築で迷ったときに、共に学ぶ仲間として伴走してくれる人がいたことは、どんなに心強いことだったでしょう。困ったときに安心して相談できる人を職場の外にもつことは、異動の機会がないために閉じた環境で仕事せざるを得ない私学勤務の私には大切なことでした。これは公立の先生方も同様かもしれませんね。

　大野先生が有形無形に示し続けていた「すべての子どもとかかわる」「一部の子どもとしのぐ」「特定の子どもをつなげる」「学校

をたがやす」という考え方は、今では大地に染み込んだ地下水脈のように、私の日々の仕事を潤してくれています。

　具体的には、この「かかわる・しのぐ・つなげる・たがやす」という、日常と地続きの日本語で表現された"枠組み"のおかげで、状況の見立てやアプローチについて言語化しやすくなったことが挙げられます。言語化できれば課題が共有でき、それが共通認識となり、同僚や保護者との協働が可能になるからです。

　若く経験の浅い頃は視野が狭く、自分１人でなんとかしようと頑張りがちでした。しかし困難事例というものは、自分だけがその子だけを見つめて頑張っても、うまくいかないものです。

　ところが、「かかわる・しのぐ・つなぐ・たがやす」という言葉で現状をとらえるようにしてからは、とりあえずこの急場をしのいだら、次は誰とかかわって、誰と誰の関係性をつなぎ直し、どのように組織で支援すればよいかの「道筋」が見えてくるようになりました。

🌸「たがやす」ことの大切さ

　とりわけ大きな変化をもたらしたのは「たがやす」という考え方です。薬にたとえると症状が表に出てこない"未病"のときから体質を改善して発病を防ぐ"漢方薬"でしょうか。

　教室は畑と同じで、放っておくと心理的環境が荒れてしまいます。もぐらたたきのように問題が頻発するのはそんなとき…と気づいてから、腕によりをかけて日常の授業を工夫し、「たがやす授業」を心がけるようになりました。私にとって、大野先生の言葉は"マラソンランナーの伴走者"のような存在です。

（伊藤久仁子）

あなたと出会える子どもたちへ「おめでとう」

　子どもたちとの関係性がうまくいかないときは、何のために教員になったのか、自分の存在意義自体がダイレクトに問われるような思いになります。教員の一番大切な仕事は子どもたちを信じること、それも信じられる根拠など何もないうちから一方的に信じることだと考えているので、何度裏切られても、信じ続けるようにしていますが、人間ですので、裏切られるたびにしっかり傷つき、深く落ち込みます。

　そういう日々の中で、自分の存在意義が揺らぎそうになるとき、いつも思い出す言葉があります。それは私がまだ教員になる前に、あるカウンセラーからもらった言葉です。

❀ 人を愛せない苦しみとカウンセラーとの出会い

　当時、私は大学院生で社会学を専攻し、現代の青少年の心性や行動特性を研究していました。しかし、研究を進める中で自分自身の問題に直面して行き詰まり、2年間の休学に入りました。自分自身の問題とは、他者と深くかかわれないということ、もっとありていに言えば「人を愛せない」ということでした。

　今思えば実に青臭い話ですが、当時の私にとっては大問題で、精神的な危機に陥ってうつ状態となり、大学の保健管理センターでカウンセラーをとっかえひっかえした挙句、最後にたどり着いたのがそのカウンセラーでした。そのころの私は今とは違って誰のことも心からは信用していませんでしたが、その人と話して、

裏表のない人間がこの世の中に本当に存在するのだと心底驚き、カウンセリングを継続しました。

　自分の在りようについて生まれ育ちから振り返るカウンセリングの過程は苦しかったですが、そのカウンセラーが伴走してくれたことで乗り越え、やがて青少年について語る研究者ではなく、青少年に向かって語りかける教育者になって、人を愛する力を試されたいと思うようになり、高校の教員採用試験を受けました。

❀ 最大限の祝福

　カウンセリングルームで、教員採用試験に合格したことを告げると、「おめでとう」と言われたので「ありがとうございます」と答えたら、「君に言ったのではない」と言います。それでは誰に言ったのかと尋ねると、「これからあなたと出会う子どもたちに」と言いました。

　「私は、これからあなたと出会うことになる子どもたちに、心からおめでとうと言ったのです」。私にとって、これ以上の祝福はありませんでした。私という存在をまるごと受け止め、励まし、勇気づける言葉でした。それ以来、教員としての私の存在意義を支える、大切な「お守り言葉」となっています。

❀ あなたと出会える子どもたちへ

　ここまで、私のごく個人的な話に付き合ってくださってありがとうございます。この本を手に取り、私のような者の文章まで読んで、日々研鑽に励むあなたに出会える子どもたちは、本当に幸せです。あなたと出会える子どもたちを、私は心から祝福します。あなたと出会える子どもたちへ、本当におめでとう！

（池田　径）

自分ってすてきな教師！

🌸 ダメな自分

　教師という仕事はまさに"滅私奉公"です。子どものために自分の感情を抑え、一人一人に寄り添うことを求められます。ところが荒れている教室では、子どもたちはそんな担任の気持ちなんてまったく知るよしもなく、好き勝手なことをしたり、担任に反発したり暴れたりと、近年では学級経営がとても難しくなっています。そんな中でも教師は、自分の感情を抑え、子どもたちの気持ちを汲み取りながら、日々授業に向かわれていることでしょう。

　でも、怒りが限界を超え、子どもの前で抑えていた感情が爆発して大声で怒鳴ってしまうようなこともあるのではないでしょうか。そして、そんな自分が嫌になるなど、負の連鎖を繰り返してしまいがちです。全国の多くの教師が、このようにつらい毎日を繰り返しているのではないかと思います。

🌸 うまくいかないことなんて当たり前

　子どもへの指導がうまくいかず悩む自分、子どもとの関係がうまくいかず苦しむ自分。でも、本当にダメな教師でしょうか。30年以上教師をしていても、うまくいくこともあればいかないこともあります。うまくいかないことのほうが多いかもしれません。

　大切なのは、そんな自分を責めずに、そのうまくいかない経験から学び、自己成長につなげ続けていくことだと思うのです。「失

敗なんて当たり前」「失敗から学ぼう」と思えれば、ダメな自分自身を受け入れ、前に進むことができます。

そんな失敗の連続にもめげず、子どもたちを成長させたいと情熱を注ぎ、子どものためにと努力する自分。とてもすてきな人間だと思いませんか。自分を抑えて、子どもたちを優先するって立派だと思いませんか。

ですから僕は職員室で「今日も頑張っちゃったなぁ。僕すごくないですか?」と、言葉に出すようにしています。とてもそんなこと同僚に言えないという方は、放課後「今日も一日子どものために頑張っちゃた自分はすてき」と、そう心の中で、頑張っている自分をほめ、つぶやくことをおすすめします。

✿ 自分ってすてきな教師!

僕は近年ずっと、荒れたクラスの立て直しをしていますが、苦戦だらけです。ですから、毎日奮闘する自分を「自分ってすてきな教師!」と思うことにしています。

「自分ってすてきな教師!」は「クラスの子どもはすてき!」に広がります。自分をほめられるようになると、自然と子どものよさにも目を向けられるようになるので、「○○さんって最高!」「○○さん、すてき!」と、うまく指導がいかない子どものよさにも気づいていくきっかけになります。自分のことを好きと感じている先生の前向きな言葉は、荒れている子どもにも必ず受け止められ、それは次第に浸透していくものなのです。

「自分ってすてきな教師!」であることに気づくことが、今、負の連鎖に陥っている「本当はすてきな自分」や、荒れている子どもたちの「本当はすてきな姿」を見つけるきっかけになるかもしれません。

(坂内智之)

【執筆者一覧】（50音順）

相原　孝之　公立中等教育学校教諭
あいはら　たかゆき　一緒に悩み、一緒に笑い、一緒に夢を語る。先輩や同僚から、そして子どもたちからも元気をたくさんもらい、今の自分があります。

池田　径　大阪府教育センター附属高等学校指導教諭
いけだ　けい　教育相談分野人間関係論を専門領域としています。勤務校では倫理とともに探究を担当し、「探究できる集団づくり」に取り組んでいます。

伊藤　久仁子　共立女子第二中学校高等学校国語科教諭
いとう　くにこ　授業では作文・小論文など「書くこと」の指導に力を入れています。著書『200字から始める作文・小論文上達ワーク』（朝日新聞出版）。学校心理士。

井上　真一　兵庫県公立中学校教頭
いのうえ　しんいち　子どものニーズに合った取り組みをするためには、教師の経験を積み重ねることに加え、視野を広げることが大切だと考えています。

宇野　弘恵　北海道公立小学校教諭
うの　ひろえ　長年、授業づくり（国語、道徳）、学級づくりをはじめ、今日的課題や教師人生を豊かにすることを学んできた。教育信条は「信じて待つ」。

浦野　裕司　東京都公立小学校特別支援教室専門員
うらの　ゆうじ　学びのユニバーサルデザイン（UDL）を生かした授業実践や「特別でない特別支援教育」などに取り組んできました。学校心理士SV。

川浦　典子　栃木県立高等学校教諭
かわうら　のりこ　教育相談活動にスクールソーシャルワークを取り入れ、積極的な問題の発見と解決を目指しています。社会福祉士。

草野　剛　公立小学校教諭
くさの　つよし　移行期不安の低減、いじめ根絶、コミュニティ・スクール、家庭や地域、関係諸機関と連携した児童生徒支援に関心があります。学校心理士SV。

久保田　みどり　長野県下伊那郡豊丘村立豊丘中学校長
くぼた　みどり　ピア・サポートの実践と普及のための研修会に取り組み、あたたかな人間関係づくりを大切にしています。ピア・サポート・コーディネーター。

後藤　幸洋　北海道置戸高等学校教頭
ごとう　ゆきひろ　先日、海外派遣を通して教育相談の重要性はどの国も共通していると感じました。国際的な視点ももちたいです。公認心理師、学校心理士、福祉心理士。

齊藤　優　千葉市公立中学校講師
さいとう　まさる　スクールカウンセラーに丸投げしない、教師だからこそできる教育相談のスキルアップを応援しています。ガイダンスカウンセラー・学校心理士。

佐藤　久美子　岩手県立高等学校教諭
さとう　くみこ　担任が抱え込まないような校内支援システムを構築し、生徒の意思を尊重する支援やチームで支援することを心がけています。

内藤　久美子　神奈川県公立中学校教諭
ないとう　くみこ　子どもが本音で話せる教員でいることを心がけています。性格はのんびり。子どもとゆったり、じっくり向き合っていきたいです。

夏井　ゆかり　横浜市公立中学校養護教諭
なつい　ゆかり　子どもたちが夢を持てるように、人生を楽しんでいる大人のモデルでいたいと思いながら仕事をしています。気づいたら還暦に。

坂内　智之　福島県公立小学校教諭
ばんない　ともゆき　学び合い学習・てつがくを基盤とした授業や学級経営を行っています。近年は荒れた学級の立て直しに取り組むことが多くなりました。

松下　隼司　大阪府公立小学校教諭
まつした　じゅんじ　学級を楽級に♪　学習を楽習に♪　著書『むずかしい学級の空気をかえる楽級経営』（東洋館出版社）、絵本『せんせいって』（みらいパブリッシング）。

山口　聡　神奈川県葉山町立葉山中学校教諭
やまぐち　さとる　50歳を過ぎた頃から、それまで以上に学級担任が楽しくなってきました。多忙な毎日ですが、「何事も楽しんで取り組めることが長所かな」と思っています。

渡辺　奈津　公立小学校教諭
わたなべ　なつ　教育相談・特別支援教育など、研修が大好き。学ぶことは尽きない。学んだことを、どう実践に活かすか、日々修行中。

明日も元気に学校に行くための
先生たちの「お守り言葉」

2024年1月10日　初　版　発行

編　者　『月刊学校教育相談』編集部
発行人　小林敏史
発行所　ほんの森出版株式会社
〒145-0062　東京都大田区北千束3-16-11
TEL 03-5754-3346　FAX 03-5918-8146
https://www.honnomori.co.jp

印刷・製本所　研友社印刷株式会社